名师名校名校长

凝聚名师共识
团结名师关怀
打造名师品牌
培育名师群体

顾明远题

名师名校名校长书系

构建幸福课堂
奠基幸福生活

上册

主　编◎袁方正

东北师范大学出版社
长　春

图书在版编目（CIP）数据

构建幸福课堂　奠基幸福生活. 上册 / 袁方正主编.
—长春：东北师范大学出版社，2019.1
ISBN 978-7-5681-5448-2

Ⅰ. ①构… Ⅱ. ①袁… Ⅲ. ①课堂教学—教学研究—中小学 Ⅳ. ①G632.421

中国版本图书馆CIP数据核字（2019）第019766号

□策划创意：刘　鹏
□责任编辑：张　露　张新宁　□封面设计：姜　龙
□责任校对：刘彦妮　张小娅　□责任印制：张允豪

东北师范大学出版社出版发行
长春净月经济开发区金宝街 118 号（邮政编码：130117）
电话：0431-84568033
网址：http：//www.nenup.com
北京言之凿文化发展有限公司设计部制版
廊坊市金朗印刷有限公司印装
廊坊市广阳区廊万路 18 号（邮编：065000）
2022年6月第1版　2022年6月第1次印刷
幅面尺寸：170mm × 240mm　印张：19.5　字数：340千

定价：45.00元

编 委 会

前言

FOREWORD

合肥市行知学校坐落于合肥市瑶海区，是一所以伟大教育家陶行知先生名字命名的九年一贯制学校。全体行知人始终践行陶先生“千教万教教人求真，千学万学学做真人”的教育理念。学校历经50年的沧桑巨变，如今已发展为恒通、漕冲、东七、学苑、站塘5个校区。全校一共130个班级，教师400余人，学生人数达6 600余人。

课堂是教学的核心，通过几代行知人的传承和创新，逐渐形成了一套具有行知特色的课堂教学风格。随着学校的不断发展，每年将近有70名新教师不断融入行知的大家庭，并逐渐成为课堂教学的主力军，他们有着先进的教育理念和十足的干劲，但课堂教学经验相对缺乏。如果有一套相对成熟的教学经验可以参考，他们便可以快速地把握课堂教学。

进步从模仿开始，课堂教学也是如此，寻找一套可以模仿的成熟经验成为当务之急。当下流行的课堂教学模式基本都是基于学生学习的、一概而论的，但我们所需要的模式是基于学科教学的，针对性更强。为此，合肥行知学校在袁方正校长的带领下，研发了一整套行知幸福课堂教学模式。本课堂教学模式倡导“以学为本，以学定教，先学后教，以教导学，自主学习，小组合作，注重差异，分层要求，共同提高”的基本原则，宏观上以“提出学习任务—小组研讨交流—班级展示交流—教师点拨指导—拓展巩固运用”为幸福课堂的基本环节。我们要把课堂还给学生，充分尊重学生的主体地位，让学生自主合作地学习，充分培养学生的学习个性和创造性，体验学习的幸福。同时，让老师也享受教育的幸福。

2016年1月20日合肥市行知学校第三届三次教代会隆重开幕。大会通过了主题为“优化行知课堂、完善行知课程、丰富行知文化”的三年发展规划。2016年3月14日，合肥市行知学校召开了课堂教学模式专题研讨会，初中数学组张正茂老师结合自己多年来进行“自育自学”研究的实践经验和对新优质学校创建工作的个人感悟，进行了主题为“课堂一小步，教育一大步”的班级教育教学模式交流。张正茂老师从深备、先学、精导、巧练四个方面对课堂教学模式的理解及个人的一些做法进行了交流。陈立利副校长从学科组的人员分工、教学模式的研发步骤、教学模式的汇报展示、学科组文稿的组成和基本框架、课堂模式基本环节和理论支撑等多个方面详细解读了学科教学模式的探索细节。“行知课堂模式”正式进入如火如荼的研发实验阶段。各组根据学科、学生年龄段、组内教师群体等特点，分别研发了特色鲜明、行之有效的学科课堂教学模式。经过两个多月的研发、三次集中汇报交流，15个学科教研组依次完成了“行知课堂学科教学模式”的前期工作。2016年12月，每组各推出一节“行知课堂学科教学模式”示范课，授课展示活动于2016年12月22日在恒通、漕冲、东七三个校区同时进行。此次展示课安排了校内评审组和外聘学科专家进行评选。专家组对各组的教学模式提出修改意见，最终形成了向内聚合、向外辐射，特色鲜明、个性突出的“行知课堂教学模式”。2017年4月24日，行知学校开展行知课堂教学模式表彰活动，对行知课堂教学模式和示范课两个部分进行表彰，为获得一、二等奖的老师们颁发证书。

从学校层面看，此次行知课堂学科教学模式的研发，是行知课堂多年来教学经验的积累、提炼和总结，是行知人勤耕杏坛的结晶，是一笔宝贵的财富。总结过去是对过往的梳理和反思，是为了今后更好地发展和提升。

从教师层面而言，学科模式的研发，最主要的是为广大年轻教师提供了一套快速把握课堂教学的范本，为年轻教师的教学带来很大的方便。同时，在整个模式的研发过程中，广大学科教师集思广益、精诚合作，既对学科教学建立了新的认识，也锻炼了教育科研的能力，过程是艰辛的，成果是喜人的。

从学生层面而言，年轻教师有相对统一的范本可以参考，能够快速地把握课堂教学，课堂教学的效率得到大幅提升，学生的学习也变得高效、轻松、有趣。即使偶尔出现个别教师临时调整的问题，学生也能很快适应相对一致的教学风格，避免了“适应危机”，也消除了家长的顾虑。

作为新优质学校创建工作的一部分，无论是瑶海区预检还是合肥市中期评估，专家组成员均对行知学校的课堂教学模式赞赏有加。有理由相信，集众人智慧的行知课堂教学模式，随着老师们的推广和运用，将日趋完善，更好地为教学服务。这也将成为行知课堂文化的特色之一。

在老师们的不断摸索和完善下，行知课堂教学模式把课堂教学的优点总结成为经验，把经验提炼为标准，再把标准内化为可操作的流程。在这个充满机遇和挑战的时代，合肥市行知学校在教育改革的浪潮中必将乘风破浪，迈向更加辉煌的明天！

目录 CONTENTS

小学英语教研组

初中语文教研组

初中英语教研组

初中道德与法治教研组

初中历史教研组

优化行知课堂　完善行知课程　丰富行知文化

——合肥市行知学校2016—2018年发展规划

为了推动学校更好地发展，培养各类人才，深化学校内涵建设，彰显行知教育传统，促使教育更好地服务于社会，学校决定制定三年发展规划，作为学校未来三年的办学方向。

一、制定学校发展规划的意义

学校发展规划是根据不断变化的社会及教育形势的需要，立足于当前社会及教育大背景下，建立在分析学校发展状况的基础上，应对学校发展内外环境变化，定位学校发展思路，明确学校发展目标与方向，制定学校发展目标，寻求和解决学校发展问题，凝聚师生共识，充分利用行知教育资源，有序深化学校内涵建设，促进学校主动成长，实现学校可持续发展的有效途径。

二、学校现状分析

行知学校是九年一贯制公办学校，一校四区，硬件设施基本完善；目前有106个教学班，在校学生5 400余人，305位专职教师；教师总体素质较高，但有少数教师专业发展意识不强；学生综合素养较好，但其个性特长多样性发展不足；外部条件氛围和谐，但学校周边环境较差；家长对学校支持度较高，但家庭教育作用发挥不明显；学校规模化发展速度较快，整体办学思路清晰，但管理不够精细，学校文化特色不够突出。

三、规划愿景

我们通过探索行知课堂的教学模式，提高课堂教学效率，培养学生自主学习的能力；加大校本课程研发和实施力度，构建具有学校特色的校本课程体系；丰富学校文化内涵，彰显行知教育文化。

四、学校发展目标

（一）总体目标

学校以创造教育为载体，全面推进素质教育，为学生的和谐发展和终身发展奠基；坚信每一个学生都有一定的创造潜能，都能通过适当的教育，取得创造性的成绩，成为某一方面的创新型人才；学校将创造教育普及化，创造适应学生发展的教育，创造适应社会发展的学生，让校园充满创造气氛，让教师充满创造智慧，让课堂充满创造活力，让学生充满创造热情。

（二）分类目标

1. 办学条件

学校要优化学校环境，美化校园；建成数字化校园，实现教学条件现代化；根据学校日常的基本需求及学校个性发展的需求，配备各种教育教学设备，完善音体美器材及图书等资料配备。

2. 发展教师

学校建立长效机制，不断增强教师的责任意识，增强学校的创造力、凝聚力；深化学习型组织建设，促进教师自主学习、合作学习、团队学习；推进教师创新发展，为研究型教师成长搭建舞台；根据教师个人的发展规划，探索建立分层次的校本培训模式；依托校本培训，促进教师专业成长；创新教师业务交流的方式方法，构建多种形式的交流方式；定期举行教师课堂教学、业务技能、基本素质等竞赛活动，不断提升教师业务水平；促进各学科综合发展，使各学科都有优秀的专业人才；加大教师培养力度，组建名师工作室；完善教育科研操作程序和奖励办法，设立教育科研优秀项目奖，提升学校科研水平；引导教师自觉地把科研与日常教育教学工作结合起来，提高教师解决实际问题的能力；探索建立发展性教师评价体系，注重教师的自我评价和过程评价，记录教师的成长过程，突出反馈调节功能；创新班主任管理模式，开设班主任论坛，充分发挥班主任德育工作的主体作用；搭建班主任交流沟通平台；深化课堂教学改革，优化教学方法，积极探索课堂教学模式。

3. 发展学生

学校可深入开展读书活动，建设书香校园，用浓厚的文化氛围熏陶学生；扎实推进学生行为习惯养成教育，创新德育模式，使行为习惯养成教育有成效、有亮点；深化作业改革，采取多种措施减轻学生的课业负担，探索建立高效的作业模式；深入开发校本课程，扩充课程内涵；完善艺术、体育校本课程体系。

五、规划行动措施

（一）以行知课堂奠基师生幸福生活

1. 行知课堂目标

学校确立了学生是课堂主人的教育观念，改变课堂教学模式，倡导“以学为本，以学定教，先学后教，以教导学，自主学习，小组合作，注重差异，分层要求，共同提高”的基本原则，提高了学生的自主学习能力。课堂上开展有意义的问题探究，教师适时指导方法，大力建设具有生命力、富有智慧和灵性的幸福课堂，帮助学生实现当下的幸福生活，为学生未来的幸福生活奠基。同时，课堂教学模式的改变可促进教师专业化成长，使教师从低效课堂中解放出来，改变教师教育的生存状态。三年内逐步形成我校特色，符合各学科、各学段、各课型的高效课堂教学模式，切实提高教学质量，提升学校办学品位。

2. 行知课堂实施措施

（1）行知课堂教学模式。

幸福课堂基本环节：提出学习任务—小组研讨交流—班级展示交流—教师点拨指导—拓展巩固运用。

① 学生自学、预习和温习。

② 教师提出本节课的学习任务、目标。

③ 学生在小组内学习、研讨、交流。

④ 教师点拨指导，解惑答疑。

⑤ 学生以小组为单位在班级展示、交流。

⑥ 学生进行课内训练，延伸应用，达标检测。

⑦ 教师总结，学生表达学习感悟。

（2）行知课堂小组模式。

分组原则：相近相帮，抱团取暖，共同提高。

小组角色：学习中，1帮2，2帮3，3帮4（一般是4人一组，即前后桌，特殊情况3人一组）。

分组时注意：小组座位、小组组成、组长培训、自学和合作学习培训、组织语言培训、文明礼貌语言和行为培训。

（3）行知课堂课内管理措施。

① 教师指导学生主动预习，为提高课堂效率做准备。

② 教师要确保学生有足够主动学习和练习时间。

③ 教师要重视学生自学的作用。

④ 学生自学内容要具体明确，自学方法要灵活多样。

⑤ 学生自学时，教师要勤于巡视、指导和鼓励。

⑥ 教师要尽可能扩大反馈面，最大限度地了解学生自学时所遇到的疑难问题。

⑦ 教师对学生遇到的疑难问题要分清性质，梳理归类。

（4）行知课堂课内解惑措施。

① 所有学生在自学后都已懂的问题，原则上不教。

② 只有部分学生能解答的问题，先让学生讨论交流，再由教师补充更正评点。

③ 学生不能够解答的问题，教师可在典型启发的前提下进行精当讲解。

④ 教师及时小结，并再度鼓励学生进行求异思维。

（5）行知课堂课内训练措施。

① 课内训练是学生巩固知识、形成能力的关键。

② 课内训练重在打好基础。

③ 课内训练的时间应保证。

④ 课内训练的内容具有针对性、量力性和典型性。

⑤ 课内训练应做到独立和按时。

⑥ 学生做课内作业时，教师要勤于巡视督查，查看部分作业。

（6）行知课堂课后作业、辅导及分析措施。

① 教师课后作业的设计、布置、批改应从精务实。

② 教师要及时批改学生的课内作业与课后作业，讲求质量和效果。

③ 教师要重视课后辅导，基本实现教学目标。

④ 教师要认真分析学生的学习情况，积累教学经验和教训。

（7）行知课堂评价措施。

评价原则：尊重已有的，关注当下的，更着眼于未来，教育应该为孩子们创造其未来发展的无限可能，从而为其一生的幸福打下基础；老师享受教育的幸福，充分尊重学生发展的主体地位，把课堂还给学生，让学生自主合作地学习、发展，充分培养学生的学习个性和创造性，体验学习幸福。

评价标准：

① 学生在课堂上的生存状态。

② 教师在课堂上的生活状态。

③ 教学内容上的合理性与适切性。

④ 教学活动的有效性。

3. 行知课堂的美好愿景

学生通过课堂学习，培养自身的学习能力，为终身学习奠定基础，为未来发展创造可能，为一生的幸福打下基础；教师把课堂还给学生，充分尊重学生的主体地位，老师享受教育的幸福，让学生自主合作地学习，充分培养学生的学习个性和创造性，体验学习幸福。

（二）以多元课程促使学生全面发展

我校积极探索学生的成长规律，以激发其兴趣为目标，研发课程，进一步补充和完善国家及地方课程，构建行知教育课程体系。

1. 主题活动课程

我校以月份为节点，每个月围绕特定的主题，充分挖掘活动主题的文化内涵和意蕴，开展全员参与的主题活动。

每月主题活动具体安排：

1月：各班级元旦迎新年联欢、冬季系列运动；

3月：科技节、志愿者公益活动月；

4月：校园读书节、寒食清明祭祖追思、文明礼仪活动月、研学旅行；

5月：“五一”节劳动教育、感恩活动月、德育文化艺术教育系列活动；

6月：儿童节各班活动、端午节抒家国情怀、班级文化建设评比、毕业典礼；

7～8月：主题夏令营；

9月：教师节演讲、民族精神活动月、体育节（田径运动会、师生趣味运动会、两操比赛）；

10月：国庆节爱国主义教育、中秋节咏物怀古、重阳节爱老敬老、养成教育主题活动月；

11月：校园文化艺术节系列活动；

12月：法制宣传月、班级文化建设评比、校园之星评选。

另外，我们请全国一流大师来我校指导培训，组织教师和学生聆听名师、大家的专题报告，帮助教师把握教育改革的时代脉搏，使教师既能仰望星空又脚踏实地；引导学生学会关心社会，放眼世界，树立理想信念，形成正确的价值观、人生观；拓展师生的生活视野，丰富师生的知识结构，提升持续发展的学习力。

2. 经典诵读课程

（1）学校组织编写中国传统文化经典教育读本《经典日日诵》《行知文化

综合读本》及现代科技读本等，兼顾不同年龄、不同学段学生的需求。

（2）学校根据学段，每周安排三至五节阅读指导课，由语文教师对学生进行一些必要的阅读方法指导；每月组织一次读书汇报交流会，师生一起来畅谈阅读心得，讲讲课外阅读的收获；建立班级阅读QQ群或朋友圈或博客，师生、家长在一起交流、分享读书感受，碰撞出智慧。

（3）教师鼓励学生制作诵读的拓展性作品，如仿写小古文、诗配画、画配诗，增强诵读趣味性。每学期由各班将学生的作品进行整理汇编成册，并在校内及家长会上进行展示。

（4）学校定期请名家来校与师生面对面交流。

（5）每年开展读书节表彰活动。

3. 社团活动课程

（1）学校要进一步完善优化现有的各类学生社团课程模式：科技类（科技创新、信息技术、机器人、科技DV、科幻画、航模），艺体类（排球队、田径队、篮球队、足球队、乒乓球社、啦啦操、鼓号队、合唱团、竖笛社团、黄梅花儿社团），人文类（读书俱乐部、心理咨询社、文学社），指定活动时间和场地，授课文本从讲义向教材过渡。

（2）创编武术操课程：《武术操 当自强》已在使用中，并将继续完善；编写球类、田径运动校本教材，为低年级学生编写健康有益的各类游戏图册，指导学生开展各类运动。可将各类运动课程与学校活动相结合，将课程融入大课间、田径运动会、趣味运动会、两操之中，实现学校运动课程的校本化。

（3）根据学校实际、教师特长和学生学段特点，逐步开展其他社团活动，如羽毛球队、英语社、美术社、书法社、绘画社、影视社、越野队、棋类俱乐部、手工制作社、科普社、漫画社、管乐团、摄影社、跳绳社、剪纸社等。

（4）各社团由专门的教师负责，包括社团教材研发、学员招募、授课辅导等，可利用下午活动时间、双休及寒暑假部分时间辅导训练。每学期由学校组织一次各社团展示汇报，同时组织社团学员参加各级各类活动比赛，引导学生乐学、会学，具备开放、进取、关爱的品格与精神，促进学生身心全面和谐发展。

4. 学科教育课程

学科课程的实施是学校教育、课程实施的主渠道，是学校的生命线。

（1）学校要倡导和鼓励教师依据学科特点，创设富于情感色调、充满智慧张力、具有审美效应、融通生活世界的一系列教学空间、氛围或场景，使教学真正成为自我需求的活动。

（2）吸纳活动课程的某些元素，加强学科知识和学生经验或活动的有机结合，让学生在主动感受、探究、体验、发现、感悟、表达等活动中获取和应用知识，濡染文化，激活潜能，涵育人格；鼓励教师高度重视各种课程资源，如文本资源、自然资源、社会资源、信息资源、艺术资源、经验资源等的开发、利用和整合，为学生学习学科知识营造自由宽阔的空间。

（3）通过教师与学生、学生与学生、学生与教材、学生与生活之间的互动，创造课程经验，促进国家课程、地方课程和学校课程在课堂情境中富有个性的融合，努力实现科学与人文、知识与能力、情感与理性、学科与生活、发现与接受、创造与模仿、外化与内化、行动与认知、欣赏与参与、感受与思索、解释与体验、训练与熏陶、主动与被动等的有机结合与统一，不断提升教育教学的品位与境界。

（三）以行知文化丰富学校内涵

行知文化建设的核心：以科学求真的精神为终身学习奠基，以艺术审美的态度、富有激情的工作、向善向上的境界不断丰富心灵。

行知文化建设的重点、重心：行知课程文化、行知课堂文化。

行知文化建设的要点：把德育工作摆在素质教育的首要位置，全面推进素质教育；掌握不同年龄阶段学生思想品德形成和健康心理发展的特点与规律；净化、绿化、美化校园环境，精心营造人文氛围，建设优良的校风、教风、学风；精心设计和组织读书节、艺术节、体育节、科技节等校园文化活动；凝聚学校文化建设力量，发挥教师、学生及社团的主体作用。

行知文化建设的策略：进行整体构思，以务实的思路来实施并内化；选择行知课程文化和行知课堂文化为突破口及生长点，以前瞻的发展理念指导实践；群策群力，以完善的制度和队伍建设来保障；循序渐进，以科学的态度推进素质教育，建设既有深厚底蕴又充满生机活力的科学民主、健康向上、丰富多彩、特色鲜明的行知文化。

1. 物质文化建设具体措施

物质文化是学校文化建设的基础。建设整洁、优美、富有教育意义的校园环境，是学校文化建设的物质载体。完善校园基本设施，为师生开展丰富多彩的寓教于文、寓教于乐的教育活动提供重要的阵地，使师生教有其所、学有其所、乐有其所，在求知、求美、求乐中受到潜移默化的启迪和教育。

净化。校园内，办公室、教室、实验室、图书室、体育场及其他场所等保持洁净，保持通知栏、宣传窗和自行车停放整洁有序；做到视线内无脏乱现象，师生都有良好的卫生习惯和环保意识，无乱扔纸屑、杂物的现象，使校园始终保持干净整洁、文明和谐，成为师生工作、学习、休息的理想场所。

绿化。学校提高绿化的品位，以绿色植物造景为主，营造花草葱荣、绿树成荫、清爽优美、赏心悦目的校园环境。加强对绿化工作的目标责任管理，定期对全校花草、树木进行修剪、养护，努力使校园四季长青。

美化。充分挖掘学校的各种资源，以融知识性与趣味性为一体的形式，充分利用板报、橱窗、走廊、墙壁、建筑物等一切可以利用的媒介体现教育理念，如张贴、悬挂科学家、艺术家等杰出人物的画像和格言，制作、设计介绍家乡自然风光、风土人情、建设成就的图片和文字，绘制、创作引导学生勤奋学习、健康生活、养成良好行为习惯的卡通人物形象等，特别是要鼓励、展示学生自己创作的作品，引导学生从确立远大志向做起，从增强爱家乡的情感做起，从规范行为习惯做起，培养学生良好的思想品德。

语言文字规范化。校内用字规范，语言文明，坚决杜绝脏话、粗话及有损人格的语言。

2. 精神文化建设具体措施

学校要加强精神文化建设内容的宣传，营造深厚的文化氛围；兴建行知苑，介绍传播陶行知先生的教育思想和理念；定期发行校报《行知》，展现全校师生良好的精神风貌；积极开展读书活动，努力营造书香校园氛围，积累师生丰厚的精神底蕴；树立正确的学生观、人才观，本着对学生身心发展和社会未来高度负责的态度，严谨执教，为人师表，教书育人，全面关心学生，努力成为学生的良师益友；建立相互关心、相互沟通、相互尊重、团结互助、民主和谐的人际关系。

3. 制度文化建设具体措施

学校的制度文化是学校文化的载体与中坚，包括学校章程、管理体制、组织机制、教育教学、后勤服务等各项管理规章制度，是全校师生共同遵守的行为准则。

学校继续完善各种制度，建立有利于师生发展、学校发展的教师管理、学生管理、教学管理、教育管理、学校设施管理等的各种管理制度，用科学的制度引导师生的具体行为，形成良好的制度文化，使学校在有序的氛围中良性发展。学校要做到以人为本，以规章制度教育规范人，以规章制度激励发展人，让规章制度成为全校师生自觉的行为，形成制度动力，推动学校文化建设。

完善教代会制度。工会要倾听教师的建议，力争决策无误、行动无误。学校领导班子对群众反映的问题，条件成熟的马上做，暂时不能做的也向老师们解释清楚。

4. 行为文化建设具体措施

学校行为文化，是学校理念文化的折射和具体呈现，是学校精神面貌、工作学习、人际关系等的动态体现。学校文化的内涵和效果是通过学校每个人的个体行为得以显现的。学校中的每个人具有高尚文明、规范包容的言行习惯，是学校文化建设的最终目的。

领导行为文化：以身作则，实事求是，讲求实效，科学管理。

课堂行为文化：展示课堂教学风采，规范课堂教学行为，形成富有学校特色的课堂行为方式。

教师行为文化：通过各种方式提升教师的道德素质，形成教师个人修养特质；通过校本培训、组内研修、同课异构等模式促进教师专业成长，形成教师教学艺术特质。教师严于律己，为人师表，以自己良好的师德表率给学生树立榜样，以深厚的思想情感、庄重大方的仪表、和蔼可亲的仪容和彬彬有礼的语言给学生做示范，让学生在学校学习和生活中不断地受到教育。

学生行为文化：搭建校园社会实践、兴趣爱好引领、艺体特长培养等平台，提高学生的创新意识、技能水平；凭借习惯养成教育、书香校园活动、心理健康辅导等途径规范学生行为；精心组织各种学生集会，包括校会、国旗下讲话、班会、团队会以及重大事件纪念日等，充分发挥其教育作用；精心组织好校园文化艺术节、运动会、科技节等活动，使学生增进知识，拓宽视野，培养能力，陶冶情操，丰富学生的精神文化生活；利用有纪念意义的重大节庆日（如妇女节、青年节、儿童节、国庆节及教师节等）和中华传统节日（清明节、端午节、中秋节、重阳节等）开展丰富多彩的活动；学校积极创造网络条件，利用网络资源开展教育活动，建设校园网络文化，不断提高学生对网络文化的是非鉴别能力、自我保护能力和艺术欣赏能力。

学校管理文化：转变管理行为，理顺管理模式，优化管理体制，形成团队协作、分工明确的现代学校管理文化，激发教师热情，激发校园活力；积极开展心理健康教育，组织开展必要的行为训练，培养学生良好的心理素质和自我心理保护能力；大力加强法制教育，聘请法制副校长到学校做报告、举办模拟法庭等形式，增强学生的法律意识和法制观念。

班级管理文化：以鲜明的班级特色文化引导学生，以严明的纪律规范学生，以丰富的班级文化环境熏陶学生，以高尚的情感感染学生。

六、规划进度

第一阶段：（2016年1月—2016年12月）

（1）学校向全体师生公布三年规划，征集意见，让师生知晓、参与学校创建规划的制定，并获得大家支持。

（2）学校以教研组为单位，成立行知课堂教学模式研发小组和校本课程研发小组，并着手研究。

（3）丰富常规教研内容，发挥学科资源优势，展示课堂教学模式，鼓励各教研组思考探索本学科行知课堂教学模式。

第二阶段：（2017年1月—2017年12月）

（1）学校初步形成了各学科行知课堂教学模式；教学评价机制更加合理和科学。

（2）主题活动校本教材研发并投入使用；经典诵读教材、运动课程教材、社团课程教材进行使用反馈、修订；各类课程活动评价体系初步形成。

（3）学校聘请专家对行知课堂教学模式及课程体系建设观摩评价，提出修改意见，进一步完善各学科的行知课堂教学模式和课程体系。

第三阶段：（2018年1月—2018年12月）

（1）学校总结提炼符合校情、学科特点的行知课堂教学模式。

（2）各类校本课程教材在使用、反馈、修订中不断改进完善，三级课程体系基本完备。

（3）学校教育教学成绩再上新台阶，彰显行知文化影响力。

小学语文
教研一组

小学语文教研一组老师

小学语文教研一组研讨课堂模式

小学语文教研一组简介

小学语文教研一组是一个积极向上、好学勤奋的集体，是一个教科研气氛非常浓厚的集体，是一个团结进取、乐于奉献的集体。我们有一群敬业、乐业、勤于钻研的教师：我们的老教师经验丰富、老当益壮，中年教师各有所长、谦逊好学，青年教师勇于开拓、勤学善思，形成了一支年龄结构合理、教学业务精良、师德高尚的教师队伍。全组教师既个性鲜明，又团结协作，注重发挥群体效应，认真学习，积极探索。全组老师以解决语文课堂教学中的各种实际问题为职责，以促进每个学生发展为目标，积极探索，立足校本开展教研活动，促进教师的专业发展。未来任重而道远，我们将不断努力，去碰触语文教研中那一束最耀眼的阳光。

"4+2主题式"课堂教学模式

努力优化课堂教学，打造高效优质、充满快乐与智慧的课堂无疑是我们不懈追求的目标。我们本次关于课堂模式的研讨是以我校"幸福课堂"提出的"三观"为指导性原则，即学生观：学生是课堂的主人，是学习的主人，是发展的主人，是幸福的主人。教师观：教师的职责是教学生学会学习，而不仅仅把知识教给学生并掌握；教师的任务是组织学生学习，指导学生学习，激发学生学习。行为观：把课堂还给学生，让学生动起来，让课堂活起来，让效率高起来，让效果好起来。我们把指导性原则落实到课堂，既可以实现在课堂学习中让学生学会做人——体验感恩的幸福；学会学习——体验智慧的幸福；学会锻炼——体验健康的幸福；学会审美——体验美好的幸福；学会劳动——体验自立的幸福。

那么，要在常态化语文课堂教学中落实"三观"，就需要我们不断地实践研究，努力探索高效课堂模式。基于常态化的教学，我们提出"4+2主题式"语文课堂教学模式。首先我们谈一谈这一模式的基本理念：

一、基本理念

（1）这一模式采取建构式教学方式，贯穿"以学生为中心"的现代教育理念，强调任务驱动、问题导向，从而实现"以学定教"。教师要注重学生学习的过程，注重学生活跃思维方式的培养，注重学生自主学习能力和合作精神的培养。

（2）现代语文教学应该是教师、学生双主体，以学生听、说、读、写能力的发展为目标，以教师参与学生学习为手段，师生共同探讨式教学为主体，这是该模式建立的主要依据。

（3）根据布鲁纳的"发现学习"理论。布鲁纳认为，发现不限于寻求人类尚未知晓的事物，确切地说，它包括用自己的头脑亲自获得知识的一切方法。发现法更为关心的是学生的学习过程而非学习结果，它强调的是学生的亲身实践和探究活动。

（4）这一教学模式主要是以文章主题为核心，通过对文章主题的理解达到文章主题思想、篇章结构、品词析句、能力训练四个方面的知识学习过程，进而将知识与技能、过程与方法、情感态度与价值观深度融合在教学过程中。

二、基本结构

我们根据小学语文教材的编写特点，以文章的主题为抓手进行教学。该模式包含课堂教学中的四个方面：主题思想、篇章结构、品词析句、能力训练以及课前、课后两个环节，故我们称之为“4+2主题式”语文课堂教学模式。

1. 课前（课堂前延）

根据提示，查阅资料。

2. 课中（课堂环节）

（1）了解背景、明确主题。

（2）自主探究、整体把握。

（3）品词析句、体验感悟。

（4）把握精华、迁移巩固。

3. 课后（课堂后续）

拓展延读、多元实践。

教学模式结构图如下所示：

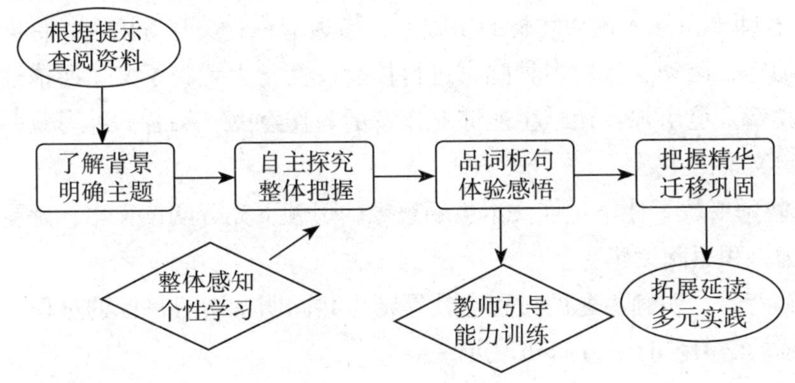

三、结构解读

1. 课前（课堂前延）

根据提示，查阅资料。

叶圣陶先生说过：“不教学生预习，他们经历不到在学习上很有价值的几种心理过程。”这一环节并不是学生漫无目的地“预习”，而是将课堂学习前移，是知识的感知阶段。教师在课前要深入研读课标、教材，分析学生的学情和教学实际，从而有的放矢地进行指导。

（1）教师要注重方法指导和习惯培养，规范常规性步骤，细化方法指导。根据学段特点进行不同的训练。

（2）教师要根据每课的具体情况提出具体要求，提炼问题，提供资料和线索，放手让学生去查阅相关资料并有效整理。诸如课文背景、作者介绍、相关知识链接等，以激发学生的学习动机，引起学生学习的兴趣，提高学生搜集、整理资料的能力。

（3）教师要运用信息技术手段展示相关资料，制作资料包。

（4）教师要鼓励学生自己提出问题，积极思考，及时记录在学习中产生的疑惑、问题并做好交流准备。

2. 课中（课堂环节）

（1）了解背景、明确主题。

布鲁姆曾经说过：“有效的教学始于准确地知道达到的目标。”教学过程是教师和学生共同活动的过程，科学适当的目标确立使得课堂学习容易聚焦和深入，也更容易打造高效课堂。如何激发学生的学习兴趣，诱发他们参与本节课学习的欲望，形成学习期待，让学生迅速掌握本节课的学习目标，需要教师“千方百计”地启情导入。

① 教师要在深入挖掘教材的基础上，渗透情感、美育等因素，借图画、音响、实物等，调动学生的多种感官进行体验，使学生置身于文本所描述的情境之中，动情入境悟神，让学生能够对作者的写作意图、编者的编写意图初步明确，确定文本的主题。

② 教师要放手让学生在文本主题思想的引领下充分阅读文本，感受作者的文字魅力，积累阅读感受。

了解背景、明确主题的过程也就是师生共同明确学习目标的过程，有了目标，后续的学习就有了方向和重点。

（2）自主探究、整体把握。

《语文课程标准》指出，学生的学习是一种个性化行为，教师要坚信每一位学生都有很强的自主学习能力。学习过程是师生积极参与、交往互动、智慧共生的发展过程，这一环节也是学习的主要环节。学生通过本环节学习，能够明确文本的篇章布局和相互关系，做到对文本的整体把握。

学生明确了学习主题，学习便有了目标，思维才会有方向、有动力、有创新，学生的学习就有了“抓手”，就能自主探究、合作学习。在主题的引领下，教师要把学生引入到“探究——发现——解疑——交流——总结”的主动学习过程中，让学生以发现者的姿态进行学习。

学习形式：个人自主学习——小组交流——全班交流。

个人自主学习的过程中，学生要根据确定的文本主题，自主探究，明确文章的篇章结构。这一环节教师要加强巡视，观察学生的学习状态，有重点地指导“学困生”，要及时进行个别释疑，要及时了解学生学习的进度，要善于发现学生在自主学习中存在的共同问题。

小组交流环节是一个平等对话、生生互动的过程，教师要鼓励小组内的同学积极参与交流、讨论。学生通过相互交流学习心得体会，共同完成文本“知识结构图”，这是语文学习的重要知识点。

全班交流是一个集思广益、展示交流的学习平台，是对学生学习过程中存在的共同问题进行交流、提炼的过程，教师要灵活组织，注意适时引导、点拨，要做到“心中有数”，概括重点、难点问题。

（3）品词析句、体验感悟。

在学生自主学习、适度交流后，教师根据文本主题，与学生一起分析、赏析文本的语言，体会文本遣词造句的艺术之美。

教师可采用两种方式处理。一是点拨，教师可以根据文本重点选择重点句式、段落，指导学生深入探究，组织学生深入研讨字、词、句、段，指导学生根据研讨去体验感悟。二是学生谈阅读感受，学生通过自己的阅读体会说出自己在阅读中体会到的作者文字的美。这是教师和学生共同学习的过程，是师生双主体的课堂体现，是建构知识体系的过程。

教师要做到：一是明确指导的方式。教师让学生相互质疑讨论，体验感悟，最后再引导、补充，不能越俎代庖，以“讲”代“悟”。二是明确指导要求。教师不能简单概括，而是要引导学生找出规律，真正让学生知其所以然，帮助学生归纳上升为方法的掌握，引导学生预防运用时可能出现的错误。

（4）把握精华、迁移巩固。

学生的学习过程其实就是一个“习得”的过程，通过前面的学习，学生对本节课的内容已经有所掌握，但是对于新知识还需要一个消化、巩固、迁移的过程，这一环节便起到了关键作用，是培养学生自主、合作、探究学习的关键环节，是学生学习能力真正形成的过程。

课程文本不是语文课程的全部内容，而是一种有待开发、构建的学习资源。所以，教师应该根据学生实际，创造性地对教材内容加以选择、延伸和处理，使学生在知识的理解与掌握、方法规律的运用等方面得到升华。

在巩固练习时，教师要切入要害、把握实质、分层设计、适度整合，练习要适当变式、引人入胜，要给学生足够的时间去练习，要让学生练得有趣、练得有效。教师要及时引导学生总结反馈、展示点评，这一环节注重的是智慧的评价与引导，注意评价的时效性、多元化。针对学生迁移巩固中出现的问题，教师要及时进行指导，进行效果反馈。

3. 课后（课堂后续）

拓展延读、多元实践。

学习语文的根本目的是为了运用，课堂教学的结束并不意味着学习活动的终止。因此，让学生走出课堂，运用所学知识，是语文课堂教学的重要组成部分。这个环节也是检验学生课堂所得的重要环节，是培养学生“终身学习”的意识和能力的重要途径。

拓展延读、多元实践学习是培养学生自主探究、合作交流学习的重要环节，也是学生基于课堂学习的再度学习、提升的过程，真正把知识转化为能力。学生在实践运用中加强了对文本知识的巩固，同时也促进了能力的形成和发展。

教师要鼓励学生进行广泛群文阅读，鼓励学生在学习教材的基础上广泛阅读，读同类文章，读相关背景介绍的文章，读同一作者的文章，让学生在读中拓宽知识面，在读中提升语文素养，在读中提高学习能力。

当然，教学模式并不是一成不变的，教师可根据教学内容、学习年段、文章类型、学生学情等方面的不同，有针对性地进行调整。每一种模式结构都不是万能的，都有其运用范围，这就需要教师不断探索、不断提炼，这对于我们来说更是一个智慧提升的过程。

李梦娟

李梦娟毕业于安徽师范大学，毕业后一直从事语文教学工作。她性格开朗活泼，待人真诚友善，以极高的热情投身在教育教学事业。在教学中注重对教学方法的探索和教育方式的研究；在课堂上，热爱学生，尊重学生的个性发展，注重学生学习习惯和自主学习能力的培养。她用心经营教育，引导孩子浸润书香，用爱心呵护学生，用真诚对待家长。曾获瑶海区中小学教师信息化大赛课例一等奖，第十八届“语文报杯”全国小学生作文大赛优秀指导一等奖。

她的教育感言是：爱是教学成功的基础，创新是教育的希望。

苏教版小学语文五年级下册

《秦兵马俑》教学设计

【教材分析】

《秦兵马俑》这篇文章从两方面详细介绍了秦兵马俑：一是翔实的数据说明了兵马俑宏大的规模；二是从身材体格、衣着披挂、动作神态等方面，准确、细腻地表现了兵马俑的类型众多、神态各异、个性鲜明。文中既有说明、描述的文字，也有作者丰富的联想，使我们身临其境，深深地体会到字里行间洋溢着的强烈民族自豪感。

教材中选配了三幅兵马俑的图片，既帮助学生理解了课文内容，又能激起学生搜集图片资料的兴趣。同时，笔者结合“4+2主题式”教学模式，引导学生走进语言文字，进行朗读体验，想象秦兵马俑宏伟的气势和鲜明而丰富的神态，激发学生的民族自豪感。

【学情分析】

五年级的学生已掌握了一定的自学方法，有一定的自学能力。因此，笔者在教学中以学生的自读自悟和小组合作学习为主要方式。虽然学生对秦兵马俑非常感兴趣，但它毕竟是两千多年前秦王朝的产物，离学生的生活实际太远，教学中如果想仅仅通过课文的语言材料让学生来理解与想象，感受中华民族的灿烂文化和古代人民的无穷智慧，似乎有点难度。因此，在教学中，笔者为学生准备了一些视频、图片，拉近了时间与空间的距离，有助于学生对课文的理解与感悟，进而激发了学生的民族自豪感。

【教学目标】

（1）精读课文，理解秦兵马俑“类型众多、个性鲜明”的特点，了解“承上启下”“展开联想”的写作特点。

（2）利用资料，结合课文内容，通过对语言文字的品味、解读，理解秦兵马俑“类型众多、个性鲜明”的特点，感受中华民族的文化和人民的智慧。

（3）在朗读交流中，感受中华民族悠久灿烂的文化和人民无穷无尽的智慧，激发学生的民族自豪感。

【教学重点】

理解秦兵马俑“类型众多、个性鲜明”的特点，感受秦军雄兵百万、战车千乘的宏伟气势，激发学生的民族自豪感。

【教学难点】

在品味语言文字中了解“承上启下”“展开联想”的写作特点。

【教学准备】

希沃白板、兵马俑实物模型。

【课前准备】

学生收集资料（课堂前延）：

了解秦兵马俑

兵马俑，即秦始皇兵马俑，亦称秦兵马俑或秦俑，第一批全国重点文物保护单位，第一批中国世界遗产，位于今陕西省西安市临潼区秦始皇陵以东1.5千米处的兵马俑坑内。

兵马俑是古代墓葬雕塑的一个类别。古代实行人殉，奴隶是奴隶主生前的附属品，奴隶主死后奴隶要作为殉葬品为奴隶主陪葬。兵马俑即制成兵马（战车、战马、士兵）形状的殉葬品。

1961年3月4日，秦始皇陵被国务院公布为第一批全国重点文物保护单位。1974年3月，兵马俑被发现；1987年，秦始皇陵及兵马俑坑被联合国教科文组织批准列入《世界遗产名录》，并被誉为“世界第八大奇迹”，先后有200多位外国元首和政府首脑参观访问，成为中国古代辉煌文明的一张金字名片，被誉为“世界十大古墓稀世珍宝之一”。

【教学过程】

（一）复习旧知，导入新课

（1）谈话：同学们，这节课我们继续随着作者的语言文字，一起来了解举世无双的——秦兵马俑。（生读课题。）

（师边讲述边播放视频：举世无双的秦兵马俑是我国享誉世界的珍贵历史文物。它出土于西安以东30多千米的临潼。）

（2）秦兵马俑给你留下了怎样的印象？用一个词语概括。

填空：（　　）的秦兵马俑

（3）课文是从哪两个方面来介绍兵马俑的呢？请同学们快速浏览课文并找

出答案。（相机板书：规模宏大，类型众多，个性鲜明。）

（4）课文是通过哪句话把这两个方面连接起来的呢?

出示过渡句："兵马俑不仅规模宏大，而且类型众多，个性鲜明。"

（5）请学生们说说这句话在课文中的作用。（承上启下。）

过渡：通过上节课的学习，我们已经了解了兵马俑规模宏大的特点，这节课我们主要来了解兵马俑类型众多、个性鲜明的特点。

（通过播放视频，学生更加直观地感受到秦兵马俑的规模宏大、类型众多等特点。复习旧知，导入新课，了解"承上启下"的写作特点。）

（二）读文品味，体会"类型众多"

认真读4—9自然段，都有哪些类型的兵马俑？让学生回答。

（1）接下来让我们一起走进这拱形大厅。

（2）认识"将军俑"。（集体交流。）

① 教师出示"将军俑"的图片，请同学们读读这段文字，再说说课文是从哪几个方面描写"将军俑"的?（身材、衣着、动作、神态。）

② 通过刚刚的阅读，你觉得这是一位怎样的将军?

③ 教师指导朗读，学生感受将军俑的威风。

过渡：秦始皇当年统率的是一支南征北战、所向披靡的大军，这样的军队中不仅有出色的将领，更有英勇无畏、冲锋陷阵的武士。

（3）我眼中的武士俑。（同伴互助。）

① 教师出示"武士俑"图片，请同学们默读这段话，思考课文是从哪几个方面介绍"武士俑"的?（身材、衣着、动作、神态、联想。）

② 说说你眼中的武士俑是什么样子的?

③ 教师指导朗读，学生感受武士俑英勇善战的特点。

（4）类型众多的兵马俑。（合作探究。）

过渡：恢宏的秦兵马俑除了形象鲜明的将军俑、武士俑外，还有（引读：骑兵俑、车兵俑、弓弩手、马俑……）

① 要求：在小组内介绍自己喜欢的一种兵马俑。

② 教师指导：学生把自己喜欢的兵马俑介绍给别人，使别人听了你的介绍也会像你一样兴奋并喜欢它。

③ 小组汇报。

（兵马俑类型众多，将军俑、武士俑、骑兵俑、陶马俑各具特色，在学习这一部分时，教师要尊重学生的个性，自主选择喜欢的兵马俑进行学习，把课堂的自主权还给学生，让他们在宽松民主的气氛中学习。）

（三）揣摩形象，感受“神态各异”

（1）无论是地位显赫的将军，还是驰骋疆场的战马，都给我们带来了强大的震撼，这就是古代雕塑艺术的巨大魅力。让我们再靠近一点，你会发现每一件兵马俑都是极为精美的艺术珍品。（引读：仔细端详，它们神态各异。有的……有的……有的……有的……）

（2）默读这段文字，找出表达上的共同点。（先写看到的兵马俑的神态，又写了由此产生的联想。）

（3）这段话中有一个神奇的标点，留给我们思考和创造，它想告诉我们什么？（省略号）出示图片仔细观察。你能看懂他们的神态吗？你能听懂他们的心声吗？

（4）课堂小练笔：一个省略号留给我们的不仅是思考，更是创造。假设我们也来到了这拱形大厅，站在我们面前的是一尊尊鲜活的兵马俑，让我们接过作者手中的笔，也用“有的……好像……”的句式写一写自己看到的兵马俑。

（5）小结：这些生动形象的描写仿佛让我们看到了一个个威武的将士拼死沙场的高大形象；听到了一个个远征的武士思念亲人的凄婉心声；感受到了一个个兵马俑背后的血汗和辛酸。因此说，每一件兵马俑都是极为精美的艺术珍品。一起读——（仔细端详，它们神态各异：有的……有的……有的……有的……走近它们的身旁，似乎还能听到轻细的呼吸声。）

（教学中教师通过课件向同学们展示兵马俑各种神态的图片，引导学生引用课文中的语言对其进行描述，以达到语言、形象同步积累的目的，能更真切地体会兵马俑的精美。大家会发现笔者提供的几张图片，目的在于开阔学生视野，开启学生思维，为后面的小练笔指引方向。这样既加深了学生对文本的理解，又丰富了文本内容，还训练了学生的语言表达能力，积累了语感。）

（四）拓展练习，提升情感

（1）秦兵马俑，这国之瑰宝，一朝醒来，震惊世界。走进秦兵马俑博物馆，人们无不为它的恢宏气势和高超的制作工艺所折服。它就像一块巨大的磁石，吸引了无数中外宾客纷至沓来，一睹威武壮观的秦俑风采。许多人在参观后纷纷题词留言。（课件逐一出示，学生诵读。）

（2）秦兵马俑的恢宏气势令人叹为观止！难怪一提笔作者就这样形容——举世无双的秦兵马俑是我国享誉世界的珍贵历史文物。难怪在文章的末尾，作者由衷地发出这样的感慨——秦兵马俑惟妙惟肖地模拟军阵的排列，生动地再现了秦军雄兵百万、战车千乘的宏伟气势，形象地展示了中华民族的强大力量和英雄气概，这在古今中外的雕塑史上是绝无仅有的。

（3）此时的你想说些什么？

小结：同学们，这节课马上就要结束了，老师相信你们一定记住了这规模宏大、类型众多、形象鲜明的秦兵马俑。它是我国古代劳动人民用血汗和智慧凝结而成的，是中华民族的骄傲和自豪！它的名字叫——秦兵马俑。

（教师引导学生回归文本的整体，学生对文本整体结构的感受自然就更明晰了，会达到与作者共鸣的效果。这时，教师再引导学生读“举世无双的秦兵马俑是我国享誉世界的珍贵历史文物”，学生对“举世无双”的理解也就不言而喻了。是谁创造了这样的奇迹呢？教师以此为导语引导学生来体会古代劳动人民举世无双的创造才能，并通过谈感受的方式激发学生的民族自豪感，学生一定会赞叹道：我国古代劳动人民真了不起！）

【课后学习】

拓展练习、多元实践：担当小导游介绍兵马俑。

（生活的外延有多大，语文的外延就有多大。我们应该树立一种大语文观，把课内与课外联系起来，达到学以致用的目的。为此，笔者设计了如下的拓展练习：把查找到的资料和课本上介绍的内容结合起来，向家长或者小伙伴介绍。）

板书设计

秦兵马俑

规模宏大　　　　承上启下

类型众多　　　　展开联想

个性鲜明

苏教版小学语文五年级下册

《秦兵马俑》课堂实录

老师：同学们，这节课我们继续随着作者的语言文字，一起来了解举世无双的秦兵马俑。

学生：秦兵马俑。（齐读。）

老师：（边讲述边播放视频）举世无双的秦兵马俑是我国享誉世界的珍贵历史文物。它出土于西安以东30多千米的临潼。

老师：秦兵马俑给你留下了怎样的印象？

学生：我的内心受到强烈的震撼，我多么想立即到现场去看一看。

学生：制作兵马俑的秦朝人民真了不起，我想知道他们是怎么制作出来的？

学生：我想知道秦始皇制造这么多兵马俑干什么。

学生：我知道，这是秦始皇的陪葬品。（一个学生脱口而出，教师微笑示意他起来再说一遍，并表扬他知识面广。）

老师：课文是从哪两个方面来介绍兵马俑的呢？请同学们浏览课文并找出答案。

学生：①规模宏大；②类型众多；③个性鲜明。（老师相机板书。）

老师：课文是通过哪句话把这两个方面连接起来的呢？

学生：兵马俑不仅规模宏大，而且类型众多，个性鲜明。

老师：说说这句话在课文中的作用。

学生：承上启下。

老师：通过上节课的学习，我们已经了解了兵马俑规模宏大的特点，这节课，我们主要来了解兵马俑类型众多、个性鲜明的特点。请同学们认真读4—9自然段，说说都有哪些类型的兵马俑？

学生：将军俑、武士俑、骑兵俑、车兵俑、弓弩手、马俑……

老师：接下来让我们一起走进这拱形大厅。请同学们读一读这段文字再说说课文是从哪几个方面描写“将军俑”的？（出示将军俑的图片。）

学生：身材、衣着、动作、神态。

老师：能具体说说吗?

学生："将军俑身材魁梧"这是身材描写。"头戴金冠，身披铠甲"这是穿着描写。

学生：我有补充，还有动作描写。"手握宝剑，昂首挺胸，站在队伍前列，像是在指挥身后的军吏和士兵行进"。还有一个神态描写，"那神态自若的样子，一看就知道是久经沙场、肩负重任的高级将领"。

老师：（根据学生所讲边点击，边在屏幕上圈划：身材魁梧、头戴金冠、身披铠甲、手握宝剑、昂首挺胸、久经沙场、肩负重任。）

老师：你喜欢它吗？为什么？

学生：喜欢。因为它威风凛凛。

老师：能用读的方式把将军的威风给表现出来吗?

学生：（朗读这段内容。）

老师：你读得很流利，但这个将军太软弱了。哪位同学能让将军威风些?

（学生纷纷举手）

学生：（有感情地朗读。）

老师：瞧，好个巾帼不让须眉的花木兰啊！够威武！朗读就应该这样读。

学生：（鼓掌。）

老师：秦始皇当年统率的是一支南征北战、所向披靡的大军，这样的军队中不仅有出色的将领，更有英勇无畏、冲锋陷阵的武士。

老师：（出示"武士俑"图片）请同学默读这段话，思考课文是从哪几个方面介绍"武士俑"。

学生：身材、衣着、动作、神态、联想。

老师：同桌两人讨论说说你眼中的武士俑是什么样子的。

学生：我觉得这是一位英勇善战的武士。

老师：能把你的感受读出来吗?

学生：（读。）

老师：我感觉你这个武士不够自信。你看图再感受一下，高大、健壮、勇猛的武士。能重新再读一遍吗?

学生：行。（这次朗读明显有感情且声音洪亮。）

老师：只要自信，小个子照样可以表现出大武士的威风来。

老师：恢宏的秦兵马俑除了个性鲜明的将军俑、武士俑外，还有……

学生：骑兵俑、车兵俑、弓弩手、马俑……

老师：请同学们四人为一组，在小组内介绍自己喜欢的一种兵马俑。（学生讨论，老师巡视。）

老师：同学们都讨论得非常激烈，哪一小组来汇报一下？

第三小组：大家好，我们组今天给大家介绍的是车兵俑，车兵俑分为三大类：驭手、车左俑、车右俑。站在中间驾驭战车的就是驭手，旁边两个负责保护他的就是军士。大家看大屏幕上的驭手，他所穿的甲衣保护得十分严密、安全。

学生（小组其他成员补充）：车左俑身穿长襦，外披铠甲，胫着护腿，头戴中帻，左手持矛、戈、戟等长兵器，右手作按车状。车右俑的装束与车左俑相同，而姿势相反。他们都是战车作战的主力。

老师：看来课前做了充分的预习，哪一组还愿意汇报？

第一小组：今天我代表我们小组介绍的是弓弩手。弓弩手大致分为两大类：立射俑和跪射俑。立射俑双足成“丁”字状，左腿微弓，这种姿势是当时持弩发射的预备动作。下面请高云博同学演示（演示中）。高云博所示的就是标准的动作。这种射击姿势重心稳又省力，是防守或设伏比较理想的一种射击姿势。这就是我为大家介绍的弓弩手，谢谢大家！

老师：小组分工明确，在高云博同学的演示下，我们更好地认识了弓弩手。哪一组接着和我们分享？

第二小组：大家好，今天我要介绍的是马俑。大家可以看到我手上的小型马俑，雕刻它的工匠抓住了马俑的眼、鼻、耳、口等关键部位使马俑给人一种栩栩如生的形象。在课文第9自然段里，“跃跃欲试”“撒开四蹄”“腾空而起”，这些四字词语活灵活现地写出了马俑的神态以及动作。大家可以闭上眼睛，想象一下自己就坐在这匹马俑上，这匹马俑撒开四蹄奔跑起来的场面，该有多威风呀！

老师：谁还愿意继续分享？

第四小组：大家好，我介绍的是骑兵俑。骑兵俑头戴圆形小帽，帽上有带扣结颌下。他的肩部没有铠甲，这样更便于上马冲杀。骑兵俑上身着短甲，长度及腰，它的铠甲比步兵的铠甲短。骑兵俑的下身着紧口裤，长度及膝，这样抬腿上马比较方便。这就是我介绍的骑兵俑。

老师：无论是地位显赫的将军，还是驰骋疆场的战马，都给我们带来强大的震撼，这就是古代雕塑艺术的巨大魅力。让我们再靠近一点，你会发现每一件兵马俑都是极为精美的艺术珍品。仔细端详，它们神态各异。

学生：有的微微颔首，若有所思，好像在考虑如何相互配合，战胜敌手。

学生：有的眼如铜铃，神态庄重，好像在暗下决心，誓为秦国统一天下作殊死拼搏。

学生：有的紧握双拳，勇武干练，好像随时准备出征。

学生：有的凝视远方，好像在思念家乡的亲人。

老师：默读这段文字，找出表达上的共同点。

学生：先写看到的兵马俑的神态，又写了由此产生的联想。

老师：读到这儿，你们发现了吗，怎么还有个省略号呢?

学生：是表示还有很多种神态。

学生：因为兵马俑太多了，而且没有两种是相同的，所以用省略号。

老师：同学们课外资料看得真多。现在老师挑出八种神态的图像（大屏幕展示八种神态各异的兵俑图像），请同学们认真观察图片，假设我们也来到了这拱形大厅，站在我们面前的是一尊尊鲜活的兵马俑，让我们接过作者手中的笔，也用“有的……好像……”的句式写一写自己看到的兵马俑。

学生：（认真仿写句子，片刻后陆续举手）

学生：我选第六种。有的双唇紧闭，神态严峻，好像一场大战就在眼前。

老师：你用了课文中的语言来说。谁能自己想出更好的语句来?

学生：我选第八种。有的微微抬头，望着远方，好像对这场战役已经胸有成竹。

老师：用了自己的话，非常好。

学生：我选择第一种。有的目光炯炯，脸带微笑，好像看到了远方的战友凯旋归来。

老师：生动的描写仿佛让我们看到了一个个威武的将士拼死沙场的高大形象；听到了一个个远征的武士思念亲人的凄婉心声；感受到了一个个兵马俑背后的血汗和辛酸。因此说，每一件兵马俑都是极为精美的艺术珍品。一起读。

学生：仔细端详，它们神态各异：有的……有的……有的……有的……走近它们的身旁，似乎还能听到轻细的呼吸声。

老师：秦兵马俑，这国之瑰宝，一朝醒来，震惊世界。走进秦兵马俑博物馆，人们无不为它的恢宏气势和高超的制作工艺所折服。它就像一块巨大的磁石，吸引了无数中外宾客纷至沓来，一睹威武壮观的秦俑风采。许多人在参观后纷纷题词留言。（课件逐一出示。）

老师：秦兵马俑的恢弘气势令人叹为观止！难怪一提笔作者就这样形容——（出示课件）

学生（齐读）：举世无双的秦兵马俑是我国享誉世界的珍贵历史文物。

老师：难怪在文章的末尾，作者由衷地发出这样的感慨——

学生（齐读）：秦兵马俑惟妙惟肖地模拟军阵的排列，生动地再现了秦军雄兵百万、战车千乘的宏伟气势，形象地展示了中华民族的强大力量和英雄气概，这在古今中外的雕塑史上是绝无仅有的。

老师：看到这儿，读到这儿，你们一定有许多话想说吧？

学生：秦兵马俑不愧是我国享誉世界的珍贵历史文物。

学生：规模这么宏大，类型这么多，而且没有两种是相同的，这太不可思议了。

学生：真的是举世无双，我为我们中华民族感到自豪。

学生：我感受到古代劳动人民太伟大了，是他们用智慧和血汗创造了这世界第八大奇迹。

学生：我真想马上到那儿去看看。

老师：同学们，这节课马上就要结束了，老师相信你们一定记住了这规模宏大、类型众多、个性鲜明的——

学生：秦兵马俑！

老师：它是我国古代劳动人民用血汗和智慧凝结而成的；它是我们中华民族的骄傲！它的名字叫——

学生：秦兵马俑！

老师：这举世无双的秦兵马俑，课文只介绍了概况，还有许多知识，如雕塑的过程和工艺材料，出土了哪些文物，有什么价值等，希望同学们积极通过网络查询，了解自己感兴趣的相关知识。可以把你查询到的和课本上介绍的内容结合起来，向你的家人或小伙伴介绍介绍。

周 莹

大学本科学历，毕业以来，一直担任语文教学工作。课堂教学生动活泼，注重课堂用语的生活化、儿童化，关注学生兴趣的引导，聚焦学生能力的培养和知识的引导。在工作中，她注重对教学方法的探索和教育方式的研究，以爱心感染学生，以真诚感动家长。

教育格言：我相信每个孩子都是一粒种子，我愿把自己的爱化作一缕阳光、一眼甘泉、一片沃土，让每粒种子都生机勃勃地生长。

部编版小学语文一年级下册

《四个太阳》教学设计

【教材分析】

《四个太阳》是一篇富有儿童情趣的阅读课文，内容是以一个小朋友的口吻，用第一人称视角描写了“我”为每个季节画了不同颜色的太阳，给世间万物带来美好。四个段落结构相似，都是先写了“我”画了什么颜色的太阳，再写“我”这么画的原因。作者借用画太阳表达了美好的心愿，用优美的语言描绘了四季的变化，全文语言简洁生动而充满童真，读起来让人感到亲切、惬意，朗朗上口。

【学情分析】

一年级的学生喜欢阅读充满童趣、语言简洁、优美的课文。经过一个学期的学习，学生具备了一定的朗读、表达能力。他们对太阳比较熟悉，对一年四季的特点也有简单的了解。由于学生的思维方式是以直观、形象为主，体会课文抽象的语言文字有一定的困难，需要教师创设情境去唤醒他们的生活经验，从而引导学生实际感悟小作者通过画太阳表达的美好心愿。

【教学目标】

教师引导学生正确、流利、有感情地朗读课文，背诵课文。

教师引导学生感悟作者通过画太阳表达的美好心愿。

教师引导学生通过读课文体会作者的想象之美，并仿照课文进行创造想象，画一画、说一说自己心中的太阳。

【教学重难点】

（1）教学重点：教师引导学生正确、流利、有感情地朗读课文，背诵课文。感悟作者通过画太阳表达的美好心愿。

（2）教学难点：教师引导学生仿照课文进行创造想象，画一画、说一说自己心中的太阳。

【教学准备】

PPT课件、教学图片。

【课前准备】

学生收集资料（课堂前延）：

了解太阳的作用

万物生长都需要太阳。植物需要太阳，没有太阳，植物就不能进行“光合作用”，不会发芽、长叶、开花、结果；动物需要太阳，没有太阳，食草的动物会全军覆没；没有太阳，肉食动物也不能生存下去；人类需要太阳，没有太阳，人类也会灭亡。没有太阳，大地上将是一片黑暗，一片寒冷；有了太阳，大地上便是一片光明、一片温暖。

了解四季

知道一年中四个季节的名称；了解代表四季的事物：草芽、荷叶、谷穗、雪；感受四个季节的特征，体会温暖的春天，炎热的夏天，凉爽的秋天，寒冷的冬天，知道秋天是丰收的季节。

【教学过程】

（一）复习旧知，导入新课

（1）教师播放歌曲《种太阳》。

老师：同学们，今天我们来继续学习第4课《四个太阳》。请大家伸出右手，跟老师一起板书课题吧！

（2）齐读课题。

（3）复习生字词。（指名读，开火车读，学生齐读。）

（教师创设情境，由歌曲内容过渡到课文内容，激发学生的探究兴趣；开火车读词游戏，既能加深学生对生字词的掌握，又能提升学生的兴奋点，为接下来的愉悦学习做铺垫。）

（二）激发兴趣，引读课文

过渡：现在我们回到课文，老师想找四名同学来读课文，其他同学一边听一边回忆小作者画了四个什么颜色的太阳，分别送给了哪个季节。（集体交流。）

（1）学生分自然段朗读课文。

（2）老师：小作者画了四个什么颜色的太阳，分别送给了哪个季节？（学生回答，老师相机贴相应图片。）

（3）总结：作者画了个绿绿的太阳，挂在夏天的天空；画了个金黄的太阳，送给秋天；画了个红红的太阳，送给冬天；又画了个彩色的太阳，送给了春天。

（教师借助形象的图画，让学生对课文内容有直观的了解。）

（三）自主探究，感悟课文

过渡：那么，小作者为什么要画这四个太阳，他想表达的心愿又是什么呢？老师请同学们现在再读课文，你喜欢哪个太阳就读哪个自然段。（学生自由选择自己喜欢的太阳读一读。）

（教师关注学生的个体差异，尊重学生的个性发展，激励学生选择适合自己的阅读方法，倡导自主、合作、探究的学习方式。）

老师：谁来说说你最喜欢哪个太阳？（老师根据学生的回答，以学定教。）

1. 金黄的太阳

（1）为什么喜欢金黄的太阳啊？（板书“香甜”。）

（2）教师展示秋天果子成熟的课件，学生进行想象，练习说话。

① 句式练习：果园里，（　　）熟了。果园里，（　　）的（　　）熟了。

② 角色扮演：请一名同学扮演小落叶邀请小伙伴尝尝水果的香甜。

（3）教师指导朗读：通过指名读、齐读等形式感受落叶的热情。

2. 红红的太阳

（1）教师让一名学生朗读。

（2）教师播放音乐，创设情境，让学生谈谈冬天的感受。（学生自由发言。）

（3）理解“冻僵”：教师引导学生从文中找出“冻僵”一词，结合自身进行感悟理解。

（4）理解“温暖”：在你快要冻僵的时候，天上挂了一个红红的太阳，你会觉得怎样啊？老师引出这种感觉叫“温暖”。（板书“温暖”。）

（5）教师指导朗读：男女学生比赛读。

3. 彩色的太阳

（1）学生汇报展示。（板书“多彩”。）

（2）理解“多彩”：多彩是什么意思呢？春天有哪些美丽的颜色呢？（学生自由发言。）

（3）你能想到哪些描写春天的好词呢？（学生自由发言。）

（4）教师指导朗读：把春天的“多彩”读出来。

4. 绿绿的太阳

（1）喜欢绿色的同学齐读第一自然段。

（2）观看图片，从哪些地方感受到夏天的热，教师引导学生自主感受。（学生自由发言。）

（3）小作者把这绿绿的太阳挂在了天空当中，那此时此刻大地发生了怎样的变化呢？引出“清凉”。（板书“清凉”。）

（4）理解“到处”：那么除了高山、田野、街道、校园，还有哪儿一片清凉？

（5）教师指导朗读：通过指名读、齐读感受绿太阳的清凉。

（这一环节穿插多媒体课件，创设情境，教师引导学生采取多种形式学习课文，尊重学生独特的感受和体验，并引导学生通过读读、品品、说说、演演感受课文的文字之美、想象之美、蕴意之美。学生在主动积极的思维和情感活动中逐步加深理解，学会多角度去理解课文。）

老师总结：同学们，这节课我们一起走进四个太阳，去感受了小作者心中美好的愿望，他画绿绿的太阳是为了在炎热的夏天给大家带来（师指板书）——（学生接答）：清凉。画金黄的太阳是为了快点让人们尝到——（学生接答）：水果的香甜。画红红的太阳是为了在寒冷的冬天给大家带来——（学生接答）：温暖。画彩色的太阳是为了让春天变得更加——（学生接答）：多彩。

（通过师生共同小结的形式，学生整体回顾、深化理解课文，体会小作者美好的愿望，为下一步的迁移巩固做好铺垫。）

（四）拓展练习，提升情感

（1）那么你想画个太阳吗？你想画个什么样的太阳送给谁？想一想，你为什么要这么画。

（2）学生自主画太阳，同桌间展示交流。（同伴互助）

（3）教师请学生上台展示交流。

老师小结：孩子们，老师看到了你们每个人心中都有个最美的太阳，都有自己美好的心愿。老师心里也有一个愿望，我呀，想画一个快乐的太阳，送给班里的每一位同学，希望你们能够快乐每一天。

（通过课文的语言感悟、朗读训练后，学生的想象力插上了翅膀，借此搭建平台，让学生想一想、画一画、说一说，使学生的想象和表达有质的飞跃。）

【课后学习】

拓展延读、多元实践：

制作一份以“我心中的太阳”为主题的手抄报。

（让每个学生都有展示自己作品的机会，让每个学生都能体会到成功和喜悦。）

板书设计

四个太阳

绿绿的太阳	夏	清凉
金黄的太阳	秋	香甜
红红的太阳	冬	温暖
彩色的太阳	春	多彩

部编版小学语文一年级下册

《四个太阳》课堂实录

老师：（播放歌曲《种太阳》）同学们，今天我们来继续学习第4课《四个太阳》。请大家伸出右手，跟老师一起板书课题。

学生：（书空课题。）

老师：来，齐读课题。

学生：四个太阳。（齐读。）

老师：（边讲述边出示生字词）这些生字词你们能喊出它们的名字吗？

学生：能！

老师：那谁能把第一行读给大家听听？

学生：高山、果园、田野、因为、碧绿。

老师：第二行谁想来？

学生：金黄、火红、金秋、清凉、香甜。

老师：还有最后一行谁想试试？

学生：温暖、应该、急忙、颜色、尝尝。

老师：他们读得怎么样啊？

学生：读得非常好，一个字都没错。

老师：是的，刚刚这几位同学不仅声音响亮，而且发音非常准确到位。看来课后一定是进行了充分的复习。那接下来，咱们开火车读，我的火车从哪开？从你开。（指一学生开始。）

学生：（开火车读词。）

老师：真好，一个都没错，小火车开得又快又稳。我们一起来读一读，每个词语读两遍。

学生：（齐读词语。）

老师：生字词掌握得这么好，老师相信这节课再读课文，对你们来说一定也不是什么难事了。

老师：现在我们回到课文，老师想找四名同学来读课文，其他同学一边听一边回忆小作者画了四个什么颜色的太阳，分别送给了哪个季节。谁想读第一自然段？

学生：（举手。）

老师：好，你来读第一自然段。第二自然段呢？

学生：（举手。）

老师：请你来读。第三自然段谁想试一试？

学生：（举手。）

老师：小手举得这么高，就你吧。第四自然段谁想来？

学生：（举手。）

老师：请这位小男生来试一试。

学生：（生分自然段朗读课文。）

老师：好极了，请坐。谁来回答这个问题，小作者画了四个什么颜色的太阳，分别送给了哪个季节？

学生：小作者画了一个绿绿的太阳送给夏天。（老师相机贴绿太阳图。）

老师：还有谁想说？

学生：他画了个金黄的太阳送给秋天。（老师相机贴金黄太阳图。）

老师：还有吗？请继续。

学生：他画了个红红的太阳送给冬天，他又画了个彩色的太阳送给春天。（老师相机贴红太阳图和彩色太阳图。）

老师：同学们真了不起，请坐。小作者画了一个绿绿的太阳，挂在夏天的天空；画了个金黄的太阳，送给秋天；画了个红红的太阳，送给冬天；又画了个彩色的太阳，送给了春天。

老师：那么，小作者为什么要画这四个太阳，他想表达的心愿又是什么呢？老师请同学们再读课文，你喜欢哪个太阳就读哪个自然段，读完之后思考小作者为什么要画这四个太阳，他想表达的心愿是什么。开始吧。

学生自由选择自己喜欢的太阳读一读。

老师：谁来说说，你最喜欢哪个太阳？

学生：我最喜欢金黄的太阳。

老师：你为什么喜欢金黄的太阳啊？

学生：因为它能让果子成熟，有好吃的果子。

老师：你觉得果子非常美味，文章中有个词叫什么呀？

学生：香甜。

老师：（边讲述边板书“香甜”）果园呀，在金黄的太阳照耀下，散发出一阵阵水果的香甜。我们来看看果园里都有啥。（出示各种水果图。）

学生：葡萄、苹果、香蕉、橘子、桃子。

老师：这原来是——（出示课件：果园里，果子熟了）。谁来读读？请你来。

学生：（朗读。）

老师：我们一起来读吧。

学生：（齐读。）

老师：嗯，读得真甜！同学们，你们能用这样的句式来说一说吗，果园里，什么熟了？［出示课件，果园里，（　　）熟了。］

学生：果园里，葡萄熟了。

学生：果园里，香蕉熟了。

学生：果园里，苹果熟了。

老师：同学们说得又完整又好听。我再加大难度，你们再看看这句话。果园里，什么样的什么熟了。［出示课件：果园里，（　　）的（　　）熟了。］你来说。

学生：果园里，红红的苹果熟了。

老师：嗯，你说出了苹果的颜色。

学生：果园里，紫紫的葡萄熟了。

老师：你说出了葡萄的颜色。咱们不仅仅说颜色，还能说说它的味道或者是其他的吗？你来试试。

学生：果园里，甜甜的香蕉熟了。

老师：嗯，你说了香蕉的味道。

学生：果园里，又大又甜的苹果熟了。

老师：你真行，一下子说出了苹果的两个特点。这时候从远处走来了一片金黄的落叶，（出示落叶头饰）它呀，想要邀请小伙伴们尝一尝水果的香甜呢。谁愿意来学学小落叶去邀请小伙伴。找你吧，这个漂亮的小落叶。你想邀请哪位小伙伴？去干什么？想好了吗？

学生1：我想邀请我的同桌。

老师：好的，那开始吧！

学生1：我送你一个苹果吃。

学生2：谢谢小叶子。

老师：你只说送给他一个苹果吃，没说邀请他去啊。再想想你该怎么说，你能用上这个句式来说一说吗？［出示课件：果园里，（ ）的（ ）熟了。］

学生1：果园里，甜甜的苹果熟了，我请你去吃苹果。

学生2：谢谢小叶子。

老师：刚刚这位小叶子用了一个字——请，特别有礼貌是不是？那谁还想来？

学生3：果园里，甜甜的草莓熟了，我请你吃草莓。

学生4：谢谢你！

老师：你还要对她说什么？

学生3：不用谢，我带你去吧。

老师：这个落叶热不热情啊？

学生：热情。

老师：是啊。落叶多热情啊！那谁能把这份热情读出来？请你来。

学生：（有感情地朗读。）

老师：老师想邀请全班同学一起读，好不好？

学生：（齐读第二自然段。）

老师：你喜欢哪个太阳？

学生：我喜欢红红的太阳。

老师：那请你读一读这个自然段吧。

学生：（有感情地朗读。）

老师：冬天来了，请同学们闭上眼睛想象一下，（配乐）此时此刻北风呼呼地吹着，吹到你嫩嫩的小脸蛋上，吹着你的小手，你什么感受？

学生：手冻得发抖。

学生：手都冻僵了。

老师：他把文章中的一个好词都说出来了，哪个词呀？

学生：冻僵。

老师：跟老师一起读，冻僵，冻僵。把这个词放到文章中，谁来读？

学生：（朗读。）

老师：你读得真好。在你快要冻僵的时候，天上挂了一个红红的太阳，你会觉得怎样啊？

学生：很温暖。

老师：（边讲述边板书“温暖”）小作者呀就是想把这份温暖送给你们。那么谁愿意把这份温暖送给大家？

学生：（男女生比赛读第三自然段。）

老师：看来小女生读得更整齐、更响亮哦。咱们班小男生不会认输的，对吧？再来试一试。

学生：（男女生再比赛读第三自然段，男生这次朗读有进步。）

老师：真不错，老师听了后心里暖烘烘的。

老师：你还喜欢哪个太阳？

学生：我喜欢彩色的太阳，因为春天是个多彩的季节。

老师：（边讲述边板书“多彩”）是谁让它变得这么多彩呀？

学生：彩色的太阳。

老师：那“多彩”是什么意思呢？

学生：是五颜六色的意思。

学生：是五彩缤纷的意思。

老师：是的，就是有很多很多的颜色。那春天到底有哪些美丽的颜色呢？

学生：红、黄、蓝、绿、紫。

老师：一下子说出这么多种颜色。这么多种颜色的春天美不美？

学生：美！

老师：你能用你学过的四字词语赞美一下春天吗？

学生：柳绿花红，莺歌燕舞。

老师：真美，你说。

学生：百花齐放，百鸟争鸣。

老师：嗯，真好，还有吗？

学生：五颜六色，万紫千红。

老师：是啊，春天真是个多彩的季节。那我们就来读读这一段，把春天的多彩读出来。

学生：（齐读第四自然段。）

老师：那谁喜欢这个绿绿的太阳呀？喜欢绿绿的太阳的同学请站起来，我们一起读一读。

学生：（起立的同学齐读第一自然段。）

老师：夏天给你们怎样的感受呀？

学生：太热了。

老师：那请同学们看这幅图片，说说从哪些地方感受到夏天真热。

学生：小花都低下头了。

老师：还有吗？

学生：把小狗都晒晕了。

老师：小狗吐着舌头。还有吗？

学生：柳叶都枯了。

老师：是枯了吗，柳叶都打起卷儿了。好在啊，在这炎热的夏天中，小作者把这绿绿的太阳挂在了天空当中，那此时此刻大地发生了怎样的变化呢？谁找到了？

学生：高山、田野、街道、校园，到处一片清凉。

老师：这绿绿的太阳照到高山上，打着卷儿的树叶立刻就怎样？

学生：舒展开了。

老师：这绿绿的太阳照到田野，低着头的小花马上？

学生：抬起头了。

老师：这绿绿的太阳照到街道，行走的人们会说？

学生：好凉快！

老师：是吧。这绿绿的太阳化作一阵风吹进我们教室，同学们会说？

学生：太清凉了。

老师：这真是一片清凉。（边讲述边板书“清凉”）小作者呀，就是想把这清凉送给大家呢！谁来读？

学生：（有感情地朗读。）

老师：那么除了高山、田野、街道、校园，还有哪儿是一片清凉？

学生：草地。

老师：咱们用完整的话说。

学生：草地一片清凉。

老师：你说。

学生：小河一片清凉。

学生：森林一片清凉。

老师：嗯对，还有哪儿啊？

学生：沙漠一片清凉。

老师：同学们，文章当中有一个词告诉你们小作者把一片清凉送给每一个人，哪个词？

学生：到处。

老师：我不说你们都找到了。那么同学们现在你们再读这句话，一定比刚才读得更好。

学生：（朗读。）

老师：嗯，读得很通顺，别忘了红色的字我们要重读。谁再来试一试？

学生：（有感情地朗读。）

老师：听了你的朗读，老师感到了一丝凉意。让我们一起来读出这种清凉。

学生：（齐读第一自然段。）

老师：同学们，这节课我们一起走进四个太阳，去感受了小作者心中美好的愿望，他画绿绿的太阳是为了在炎热的夏天给大家带来（师指板书）——

学生：清凉。

老师：画金黄的太阳是为了快点让人们尝到——

学生：水果的香甜。

老师：画红红的太阳是为了在寒冷的冬天给大家带来——

学生：温暖。

老师：画彩色的太阳是为了让春天变得更加——

学生：多彩。

老师：那么你们想画个太阳吗？

学生：想！

老师：你想画个什么样的太阳送给谁呢？快和你的小伙伴交流一下吧。

学生：（热烈地讨论交流。）

老师：同学们，请拿出你们的图画本画出你心中的太阳画吧，想一想，你为什么要这么画。然后再说一说你的心愿，你可以用老师提供的句子，也可以根据自己的想法来说。开始。

同时出示课件：我画了个（　　）的太阳，送给（　　），希望（　　）。

（教师播放音乐《种太阳》，学生自主画太阳。）

老师:画好的同学可以和你的小伙伴互相说一说你画了个什么颜色的太阳送给谁，你的心愿是什么。

学生：（同桌间展示交流。）

老师：交流好的同学做好就可以了，谁愿意上台来跟大家展示你的画，让同学听听你的心愿。

学生：我画了个红红的太阳，送给小鸟，希望它们有个温暖的家。

学生：我画了个蓝蓝的太阳，送给天空，希望天空不再有雾霾。

学生：我画了个彩色的太阳，送给冬天，希望冬天也能五彩缤纷。

学生：我画了个黑黑的太阳，送给奶奶，希望她的头发能变黑。

学生：我画了个绿绿的太阳，送给大自然，希望大自然的空气新鲜。

老师：同学们，他们说得好不好啊？快给他们鼓鼓掌。

学生：（鼓掌。）

老师：孩子们，老师看到了你们每个人心中都有个最美的太阳，都有自己美好的心愿。老师心里也有一个愿望，我呀，想画一个快乐的太阳，送给班里每一位同学，希望你们能够快乐每一天。好了，这节课就上到这儿，下课！

孙玉蓉

孙玉蓉，小学语文高级教师。孙玉蓉老师始终以陶行知先生为楷模，坚持陶先生“生活即教育”“社会即教育”“教学做合一”的理念，着重对学生进行素质培养，全面发展。她认真钻研教材，常和同事一起讨论教材的重点和难点。孙老师讲课不仅重点突出，而且难点也在轻松的启发式教学中迎刃而解。她非常注重与学生家长的联系沟通，在家长的配合下，每一个孩子都能得到针对性的教育和帮助。她还经常组织学生和家长节假日到爱国主义教育基地等处参观游览，既长知识又受教育。孙老师爱岗敬业，深受学生、家长和同事喜爱。她教的孩子在讲故事、硬笔书法、演讲和征文比赛等活动中均表现优异，屡屡获奖，她本人也在各类评比中屡获殊荣。

《清平乐·村居》教学设计

【教材分析】

辛弃疾，半生戎马报国无门，半生贬谪地方。词作或家国天下或田园生活，一个“醉”字或醉于报国无门的苦闷，或醉于田园生活的安宁、祥和。《清平乐·村居》显然是后者，辛弃疾毕生追求的不过是山河完整、百姓安康。词中的“醉”来自于人、景、气氛，而气氛是人和景共同营造。5位人物，核心是“翁媪”，大儿、二儿的勤劳，小儿的可爱，让“翁媪”心醉，茅檐、青草、小溪、荷叶、莲蓬，好一幅乡村画卷。好孩子、好景致让作者也和“翁媪”共“醉”进而“相媚好”，老人家说什么呢？说儿子，说景，说生活。课文配图涵盖整首词的内容，初读扫清障碍，以图切入，仔细观察三个儿子，体会大儿、二儿的勤劳，小儿的可爱，之后感受“翁媪”的“相媚好”，“翁媪”看到什么？想什么？说什么？安宁、祥和、幸福的一家人由此生成。“卧”相较于“趴”“跪”“躺”等是最舒服的姿势，突出小儿的顽皮、可爱，替换即可知。以图为抓手，学生才有感悟的基础。

【学情分析】

（1）学生对辛弃疾本人的生平不了解，对词人的内在情感不了解。

（2）对课文配图的理解是重点，学生需要细致观察。

【教学目标】

（1）教师引导学生正确、流利、有感情地朗读，背诵古诗词。

（2）教师引导学生理解“相媚好”“醉”“赖”“卧”等词语在诗句中的意思。

（3）教师引导学生想象这首词所描绘的安宁、快乐的田园生活的情景，体会作者的感情，感受农村生活的情趣。

【课前准备】

学生收集资料（课堂前延）：

（1）了解诗人的生平。

辛弃疾（1140—1207），南宋词人。原字坦夫，后改字幼安，别号稼轩，历城（今山东济南）人。出生时，中原已为金兵所占。21岁参加抗金义军，不久归南宋。历任湖北、江西、湖南、福建、浙东安抚使等职，一生力主抗金。曾上《美芹十论》与《九议》，条陈战守之策，显示其卓越的军事才能与爱国热忱。其词抒发力图恢复国家统一的爱国热情，倾诉壮志难酬的悲愤，对当时执政者的屈辱求和颇多谴责，也有不少吟咏祖国河山的作品。题材广阔又善于用前人典故入词，风格沉雄豪迈又不乏细腻柔媚。作品集有《稼轩长短句》，今人辑有《辛稼轩诗文钞存》。

（2）收集有关宋词的资料。

宋词，是宋代盛行的一种中国文学体裁，是一种相对于古体诗的新体诗歌，标志着宋代文学的最高成就。宋词句子有长有短，便于歌唱。因是合乐的歌词，故又称曲子词、乐府、乐章、长短句、诗余、琴趣等。它始于梁代，形成于唐代而极盛于宋代。《旧唐书》上记载："自开元（唐玄宗年号）以来，歌者杂用胡夷里巷之曲。"宋词是中国古代文学皇冠上光辉夺目的明珠，在古代中国文学的阆苑里，它是一座芬芳绚丽的园圃。它以姹紫嫣红、千姿百态的神韵，与唐诗争奇，与元曲斗艳，历来与唐诗并称双绝，都代表一代文学之盛。后有同名书籍《宋词》。

宋词的代表人物主要有苏轼、辛弃疾（豪放派代表词人）、柳永、李清照（婉约派代表词人）。

【教学过程】

（一）了解背景、明确主题

第一，板书课题，读题。

第二，学生汇报预习成果。

1. 释 题

（1）教师引导学生观察此课题目与其他诗词题目的区别。（中间有个分隔符号，前者是词牌名，后面是词的题目。）

（2）教师向学生介绍有关"词"的知识。

"清平乐"是词牌名，并不是题目。词是诗歌的一个种类，因为句子长短不一，所以也称"长短句"。古代的词，都可以伴乐歌唱，词的曲调名称叫词牌。"清平乐"的"乐"要读成"yuè"，清平乐本来是一种音乐歌曲，后来才用来当作词牌。

"村居"是这首词的题目。"居"什么意思？（居住）"村居"呢？（农村闲居的人家。）

词原是配乐而歌唱的一种诗体，起源于唐代，宋代是词的鼎盛时期，句的长短随着曲调而改变，因此又叫长短句，一般分为上下两阕，也就是上下两段。宋代的苏东坡、李清照、辛弃疾等都是著名的词人。

（3）教师介绍作者辛弃疾。

2. 初读，读准字音

（1）教师让学生自由读词，注意读准字音。

（2）教师范读，读出韵律节奏，让学生感受韵律节奏。

（3）学生再自由读词，把它读正确、流利，做到字字读准、句句通顺。

（4）难字正音，教师引导学生读准：檐、媚、翁、媪、赖、剥。

（5）教师指导学生书写：醉、媚、锄、剥。

（6）全班齐读，男女生赛读，同桌互读。（边读边点评，读出韵律节奏。）

（二）自主探究、整体把握

1. 观察插图——解决问题

（1）整体环境如何？你如何评价这种生活状态？

（2）插图中人物相互的关系？每个人物在做什么？

（3）在词中你能找到与人物相对应的句子吗？

2. 发现收获——谈谈体会

（1）“茅檐低小，溪上青青草。”你感到了什么？（乡间生活虽很简朴，但很美。特别是青青草让人想起了春天踏青的美好感受。）

（2）“醉里吴音相媚好，白发谁家翁媪。”你感受到了什么？（一对头发花白的老夫妇满脸通红，大概是喝了酒，正借着酒意用家乡话互相逗趣取乐。）学生自由地轻声读这句。

（3）仅仅是酒让他们醉了吗？（如此温馨、幸福、美好的生活，怎么不令人醉呢！）这对白发夫妻操着吴音正在亲密地聊天，他们为什么感到这样幸福呢？

（4）可爱的孩子们在干什么呢？（大儿子在溪东豆田锄草，二儿子在编织鸡笼，最喜欢的是顽皮的小儿子，在溪边趴着剥莲蓬。）

（5）读整首词，从中感受到了什么呢？

（6）是的，这户人家虽然住的是——“茅檐低小”，但是周围的环境很美——“溪上青青草”，这户人家翁媪之间——“醉里吴音相媚好”，大儿“锄豆溪东”，中儿“正织鸡笼”，最喜小儿“无赖，溪头卧剥莲蓬”。多幸福的乡村生活啊，那对白发夫妻陶醉了。

3. 解疑交流——相互学习

关键点：（教师把握）

词语解释："翁媪""相媚好""无赖"。

（三）品词析句、迁移巩固

（1）想一想，这对白发翁媪生活在这样的环境里，又有勤劳可爱的儿子，心情怎么样？（要求找出词中的"醉"字进行品味。）

（2）作者偶尔看到了白发翁媪的生活环境，心里又想些什么呢？（继续品味"醉"字。）

（3）那对白发夫妻陶醉了。作者辛弃疾看到此情此景，也陶醉在这样的画面之中。你呢？

（4）配乐朗读。

（5）学生自由谈所悟到的词中所表达的思想感情。

（安宁、悠闲、快乐、恬静、幸福、平淡的农村生活让人陶醉，使人向往。）

教师总结：

词中的"醉"来自于人、景、气氛，低小的茅屋旁边是一条清澈流淌的小溪，溪边长满了绿色的青草。屋檐下，有一对白发老夫妻正借着酒意互相逗趣取乐。大儿子十分勤快，在溪东面的田间种豆。二儿子正忙着编织鸡笼。最顽皮、可爱的莫过于最小的那个孩子了，瞧，他正趴在溪边剥莲蓬，忙得不亦乐乎呢！词中一家人和词人辛弃疾都被这安宁、悠闲、快乐、恬静、幸福、平淡的农村生活所"醉"。

（四）把握精华、迁移巩固

（1）这首《村居》描绘的是一户农家的生活画面。同学们默读这首词，把这些画面在心中理顺。如果叫你选择一个画面写，你会选哪个画面写？（播放相关课件。）

（2）交流看到的画面。

（3）景美，人更美，在你眼中这是什么样的村居生活？

（和谐美满的村居生活、快乐的村居生活、充满诗情画意的村居生活。）

过渡：

同学们把作者辛弃疾的感受都说出来了，这户人家住的虽是——"茅檐低小"，但是周围的环境很美——"溪上青青草"，翁媪之间——"醉里吴音相媚好"，大儿"锄豆溪东"，中儿"正织鸡笼"，最喜小儿"无赖，溪头卧剥莲蓬”。多幸福的乡村生活啊，那对白发夫妻陶醉了。看到这一家幸福安宁的生活，其乐融融的场景，作者辛弃疾也深深陶醉了，于是，创作了这首词。

教师（出示作者资料）介绍词人辛弃疾以及他的生活经历，帮助学生领会作者对农村安宁生活的向往之情。

【课后学习】

拓展延读、多元实践：

（1）学生课后搜集词牌“清平乐”的词作。

（2）学生课后搜集辛弃疾的词作，试着将辛弃疾的词作分类，感受他报国杀敌、收复故土的爱国情怀，以及他渴望安宁平静生活的愿望。

板书设计

清平乐·村居

【宋】辛弃疾

翁媪　醉

向往

小儿　卧

李　妍

李妍，毕业后一直从事小学语文教学工作，致力于小学语文教学实践。她竭力用语文的独特魅力吸引、感染学生热情地、主动积极并富有创造性地参与语文学习活动。在语文教学中，她鼓励学生张扬个性，发挥潜能，培养并引导激发学生对学习语文的兴趣。

她始终认为“学高为师，德高为范”，特别是当今信息技术更新如此之快，作为一名老师，更要重视自身的学识，稍一松懈就会落伍。所以自工作以来，她不断学习，丝毫不敢松懈，继续学习成为她工作中重要的一部分。一有空闲，她便静心备课，潜心研究教学方法，学习现代化教学技术，将所学的教学理论与教学实践相结合，力争将每一堂课都向孩子们展示得精彩。

《小稻秧脱险记》教学设计

【教材分析】

《小稻秧脱险记》是一篇有趣的科普性童话故事，这篇文章寓农业常识于生动的故事中。全文采用拟人化的手法形象地写出了杂草对于稻秧生长的危害，以及喷洒除草剂对保护稻秧所起的重要作用。故事中的主角就是小稻秧、杂草和喷雾器大夫。全文充满童趣，将科学知识寓于童话故事中，生动的语言、个性的对话、有趣的情节都为丰富学生的语言积累提供了很好的凭借，更潜移默化地培养了学生爱科学、学科学、用科学的兴趣。

【教学理念】

本课教学设计以课文中生动形象的语言为突破口，教师创设生动形象的情景让学生在读一读、演一演、说一说的过程中自主、合作、探究学习，领悟文章语言的生动性，在教学过程中引发学生的情感共鸣，并以此为切入点引领学生进行朗读、表演练习。教师在整个教学过程中要高度重视学生掌握知识、形成能力的过程，充分激发学生的参与热情，让学生在掌握知识和形成能力的过程中领会自主、合作、探究的学习方法，获得积极的情感体验，从而促进学生语文整体素养的提高。

【教学目标】

（1）教师引导学生理解文中生词，会用“纷纷”“激烈”造句。

（2）教师引导学生独立自主、合作、探究学习，能用笔画出体现杂草神态、动作特点的词。在朗读感悟的基础上，感悟课文。

（3）培养学生爱科学、学科学、用科学的志趣，从而提高其综合素养。

【教学重点】

（1）教师引导学生理解文中的生词，会用“纷纷”“激烈”造句。

（2）教师引导学生独立自主、合作、探究学习，能用笔画出体现杂草神态、动作特点的词。在朗读感悟的基础上，感悟课文。

【教学难点】

（1）教师引导学生独立自主、合作、探究学习，能用笔画出体现杂草神态、动作特点的词。在朗读感悟的基础上，感悟课文。

（2）培养学生爱科学、学科学、用科学的志趣，从而提高其综合素养。

教学方法：情景创设，自主探究法，读演感悟。

【教学准备】

课前板书课题、课件等。

【教学课时】

第二课时（详案）。

【教学过程】

（一）激情导入

同学们，这节课我们继续学习第18课《小稻秧脱险记》，请大家认真跟着老师板书课题。（提醒“稻”“险”的书写注意事项，书空“险”）齐读课题。（出示词组。）

请同学们拿出导学单，通过预习，你们提出了哪些问题呢？（学贵有疑，善于提问题的孩子会越来越聪明，这节课我们就围绕着你们的问题来学习。板书:遇险、脱险。）

- 激烈　争吵　气势汹汹　不由分说
- 欺负　警觉　蛮不讲理　一拥而上
- 杂草　纷纷　有气无力　脸色蜡黄

相信通过上节课的学习和回家后的复习，这些词语你们能读得更加流畅了，谁来试试？（指名读并齐读。）

老师：看着你们如此勤奋好学，主人公小稻秧可高兴了！瞧，它们来了！（出示小稻秧图）说说看，这是一群怎样的小稻秧？

学生：嫩绿的、葱翠的、生机勃勃的。

板书：小稻秧。

老师：是啊！它们刚从秧田搬到大田里来，攒足了劲，要长得壮壮的，给农民伯伯送上一个好收成呢！可是，没想到，可怕的危险来了！

（二）自主学习、合作交流、析疑解难

1. 学习第1、2自然段

（1）教师出示自学提示：打开书本，默读第1、2节，画出小稻秧遇险的句子，圈出表现杂草“蛮不讲理”的有关词语，小组读悟交流。

（2）过渡：杂草给你留下了怎样的印象？交流，课件出示句子：

①一群杂草把小稻秧团团围住，气势汹汹地嚷道：“快把营养交出来！”

② 这群杂草不由分说，一拥而上，拼命地跟小稻秧抢营养。

（3）自读这两句话，找出说明小稻秧遇险的词语。

① 学生交流，加点词（团团围住、气势汹汹、嚷、不由分说、一拥而上、拼命 抢），教师引导学生理解杂草“蛮不讲理”，并指导朗读。

② 教师引导评价。

③ 教师再次指名朗读。

④ 教师联系生活，运用表演引导学生理解“激烈”一词，并练习说话。

（4）是啊，小稻秧垂下了头，脸色蜡黄，病倒了。课件出示发黄的稻秧。此时，如果你是小稻秧，会有什么感受，想说些什么？

（5）过渡：后来，小稻秧又怎样了呢？课件出示，听读课文第3、4段。

2. 学习第3、4自然段

（1）用横线画出描写杂草的词与语言，用波浪线画出描写喷雾器大夫的词与语言，注意人物对话时的表情、动作与语气。

（2）过渡：你们找到了哪些写杂草的词句？交流：杂草说了哪些话？喷雾器说了哪些话？课件出示：

① 一棵杂草警觉地抬起头，看了看天说：“不对呀，大晴天怎么会下雨呢？”

② 这时，一个洪亮的声音响起来：“这不是雨，而是除草剂，是专门用来收拾你们的！”

③ 杂草问：“你是谁？”“我是喷雾器大夫。”喷雾器一边喷洒着除草剂，一边大声地说，“平时你们欺负小稻秧，现在轮到你们倒霉了。”

（3）请看前面，谁能把第一句读一遍？理解“警觉”，可表演。（点出。）

（4）喷雾器大夫是怎样回答的？声音是怎样的？（点出）录音。

（5）教师引导学生质疑：你们了解喷雾器、除草剂吗？引导学生认识了解喷雾器、除草剂。（课件出示喷雾器、除草剂图片。）

（6）学生练习朗读第3、4自然段。抓住“警觉、洪亮、一边喷洒、一边大声、有气无力、纷纷”等词感悟课文。

3. 学习第5自然段

（1）杂草被喷雾器大夫收拾光了，没人再跟小稻秧抢营养了，小稻秧脱险了。看！（课件演示）小稻秧多神气，多高兴！

（2）齐读第5自然段。

（3）小稻秧脱险了，你们高兴吗？从文中哪些词可以看出？（教师引导学生做动作感悟课文。）

（三）课外延伸

课文学到这儿，你一定有很多话想对他们说，把你想说的话写下来吧，下次课交流。

徐金妹

徐金妹，本科毕业，是一名小学高级教师，从教20年，一直承担着小学语文教学工作和班主任工作。在平凡的工作岗位上，她坚守三尺讲台，默默地付出，从不计较个人得失，一心只为了学生快乐成长。作为一班之主，她凡事亲力亲为，陪学生打扫、布置教室，带领孩子做操、晨跑……对于低年级学生，她就像对待自己的孩子一样，关心他们的学习，关心他们的身体，关心他们每天的心情。而对毕业班的学生，则更多的是关注他们的青春期教育，在她面前，学生什么话都愿意说。

徐金妹老师钟情于教育教学工作，班级里的学生都是她眼中的“好孩子”，家长都是良师益友。她始终坚持“育人为先”，在课堂上、生活中时时不忘渗透“成人”的重要性，其次才是教书。她的教育理念是：尽己之力，竭己之能，服务学生，服务家长。

《母亲的恩情》教学设计

【教材分析】

《母亲的恩情》这篇课文是借唐代诗人孟郊的一首诗演变而成的一篇故事。故事是诗歌意境的展现，诗歌是故事的凝聚，诗文交融，更让人体会到母亲恩情的珍贵。课文前半部分是一个相对独立的故事，后半部分引出古诗。第1~3自然段具体写母亲的恩情及孟郊对母亲的感激。从内容上说这是一个故事，有时间、地点、人物以及事情发生的过程。第4、5自然段介绍《游子吟》一诗的内容及写作的情况。一个感人的故事，一首动人的诗，歌颂了母爱的无私、伟大，激发起人们对母亲的感激和报答之情。

【学情分析】

（1）学生对孟郊本人的生平不了解，对诗句的理解有难度。

（2）对课文插图的理解是重点，学生需要仔细观察。

（3）每个人都有自己的母亲，每个人对母亲的感受都是不同的。上课时让学生说说母亲关心自己的事情由此引出课文。学习课文时，重点让学生通过朗读来体会对母亲恩情的感悟。

【教学目标】

（1）学生能正确、流利、有感情地朗读课文，背诵《游子吟》。

（2）学生能够学会本文由生字组成的新词，理解词语的意思。

（3）学生能够理解《游子吟》的意思，体会母亲对子女的关怀之情，教育学生从小体贴、孝敬父母，懂得报答父母的养育之恩。

【教学重难点】

（1）学生能够记住本课生字，并能准确运用。

（2）学生能够体会母亲对子女的关怀之情，教育学生从小体贴、孝敬父母，懂得报答父母的养育之恩。

【课前准备】

学生收集资料（课堂前延）：

了解诗人生平：

孟郊（751年–815年），字东野，汉族，湖州武康（今浙江德清县）人，祖籍平昌（今山东德州临邑县），唐代著名诗人，少年时期隐居嵩山。孟郊两次进士不第，46岁时才中进士，曾任溧阳县尉。由于不能施展他的抱负，遂放迹林泉间，徘徊赋诗，以致公务多废，县令乃以假尉代之。后因河南尹郑余庆之荐，任职于河南（河南府今洛阳），晚年生活，多在洛阳度过。宪宗元和九年，郑余庆再度招他往兴元府任参军，其乃偕妻往赴，行至阌乡县（今河南灵宝），暴疾而卒，葬洛阳东。张籍私谥为"贞曜先生"。孟郊仕历简单，清寒终身，为人耿介倔强，死后曾由郑余庆买棺殓葬。其诗多写世态炎凉，民间苦难。孟郊现存诗歌570多首，以短篇的五言古诗最多，代表作有《游子吟》，今传本《孟东野诗集》10卷。孟郊有"诗囚"之称，与贾岛齐名，人称"郊寒岛瘦"。

【教学过程】

（一）了解背景，明确主题

第一，板书课题，齐读。

第二，学生汇报预习成果。

1. 释 题

同学们，自古以来，人们都说母爱是伟大的。今天我们要学的一篇课文，就是歌颂母爱的。本文说的就是唐代诗人孟郊感受母爱而作诗的故事。读好这个词，（出示词语：恩情）你是怎样记"恩"的，注意要与"思"区别开来，思的上面是"田"。知道"恩"的下面为何是"心"吗？这是要我们怀着一颗感恩的心，让我们用心去感恩。再来读读这个词。

2. 介绍作者

内容略。

3. 初读，读准字音

（1）标出自然段序号，告诉学生：《游子吟》此诗为一个自然段。

（2）学生自由读课文，圈出生字词，借助拼音，认读生字，看清字形，想想意思。

出示生字词：

缝补　针脚　几根　抚摸　报答　迟迟

寸草　永远　恩情　孟郊　沐浴

教师指名学生拼读生字词，用生字词卡片，抽查认读情况。

学生自由讨论记忆生字的办法。

（3）学生把生字词带入课文再读课文，把课文读得正确、流利。

（4）分自然段朗读课文。

（二）自主探究，整体感悟

1. 观察插图——解决问题

（1）首先，让我们来认识一下孟郊念念不忘的老母亲（课件出示图一）。这就是孟郊的母亲，她正在干什么呢？（学习词语：缝补，指名读）大家看看“补”是什么偏旁？为什么？“缝”也很有意思，它是一个形声字，因为缝补衣服要用到丝线，所以是绞丝旁。（齐读“缝补”）母亲是怎样缝衣服的？请同学们仔细读课文的第1自然段，画出有关的语句。

（2）他们在村外做什么？

（3）第三幅图中孟郊在干什么？

（4）在课文中你能找到诗句的意思吗？

2. 发现收获，谈谈体会

（1）出示：“夜深了，母亲还在油灯下一针针一线线地缝着。”

①（学习词语：一针针、一线线。指名读）母亲一针针一线线地缝着，多仔细多认真呀，谁再来读一读这个词？

② 母亲一针针一线线地缝补着衣服，而此刻夜已深了，这时人们应该在干什么？而母亲却在缝补衣服，可见母亲——（指名说）再来读一读这句话。

③ 是呀，母亲的年龄已经大了，眼睛也花了，可为了即将出门远行的儿子，此刻她还在油灯下缝补衣服，让我们再来读读这句话。

（2）母亲的衣服缝得怎样呢？文章的后面有一个词谁能找出来？

出示：又细又密的针脚。（指名读。）

老师：衣服上两针之间的距离就是针脚。针脚之间的距离越小衣服越结实，穿起来也舒服。而孟郊衣服上的针脚是又细又密的，让我们再来读一读，体会一下母亲对儿子的一份情。

老师：古代，有些地区流行着这样一种风俗，家里有人出远门，母亲或妻子要为出门人做衣服，做得针脚细密，人就会早早归来，反之回来得就晚。

（3）现在，你们知道母亲为什么要这样一针针一线线地缝了吧？母亲把针脚缝得细密，就是希望儿子能够早日归来。母亲的这种想法在文中也表现出来了。

出示：“她想，孩儿这次外出，还不知道什么时候才能回来……”（指名读。）

（4）这节中还有一个关键的词语。（出示：忙着 齐读。）

谁能用“忙着”说一句话？

（5）孟郊就要出远门了，母亲很忙，忙着给儿子缝补衣服，一直忙到深夜，多么辛苦啊！母亲对儿子的慈爱都藏在“忙着”里了。让我们读好课文第一段。

（6）第二天清早，熬了一夜的母亲把孟郊送到了村外。

出示：“郊儿，你可要早点儿回来呀！”（指名读。）

一句话一颗心，这就是母亲的叮咛，谁再来读？

（7）孟郊即将出远门了，难道母亲就只有这一句话吗？想想，母亲还会说些什么？真是儿行千里母担忧呀，再读。

老师：是呀，听着母亲的声声叮咛，孟郊已经说不出话来了，他怎么做的？

（8）出示：孟郊不住地点头。他看到母亲的头上又多了几根白发，眼睛湿润了。

教师指名读，学习词语：几根。

“眼睛湿润了”是什么意思？

是呀，看到满头白发的母亲，孟郊的眼睛湿润了。在这分别的时刻，孟郊会对母亲说些什么呢？（老师评点：多懂事的孩子，多体贴的郊儿，多令人感动呀，让我们再来读一读这句话，齐读此句。）

（9）母爱就是这样伟大而又平凡，母亲深夜缝衣，清晨送儿，（板书）她的爱就体现在那些细微的事情上。正如诗中所写的：（出示诗歌，齐读。）

慈母手中线，游子身上衣。
临行密密缝，意恐迟迟归。

（10）母亲的恩情我们永远报答不了，也永远铭记在心。孟郊更是如此。齐读最后一段。

（学习词语：永远、铭记，理解“铭记”：深深地记住。）

（11）同学们，几十年过去了，当年的事孟郊记忆犹新，历历在目，50岁那年写成了小诗，出示：《游子吟》。

老师：让我们再跟随孟郊回到临行前的那一夜。

“夜深了，煤油灯忽明忽暗，母亲揉揉酸涩的眼睛，一针针一线线地缝着儿子的衣服。”女生动情地说。（齐读《游子吟》。）

“清晨，母亲送儿送了一程又一程，一直送到村外，不住地叮嘱他早些回来。”男生真情地说。（齐读《游子吟》。）

3. 解疑交流——相互学习

（三）品词析句，迁移巩固

（1）从“恐”中你读出了什么?

（2）学生自由说说读后的想法。

（四）把握精华，迁移巩固

（1）说出“谁言寸草心，报得三春晖”的意思。

（2）用一幅画表现你与妈妈之间的故事。

【课后学习】

拓展延读、多元实践：

（1）背诵《游子吟》。收集类似的古诗和诗歌。

（2）说说妈妈和你的故事。

小学语文

教研二组

小学语文教研二组

小学语文教研二组研讨课堂模式

小学语文教研二组简介

小学语文教研二组是一个团结合作、锐意进取、乐观向上的教研组。组内共有成员15名，他们有着扎实的语文功底，丰富的教学经验，在省市区论文评选、展示课或比赛课中表示突出、成绩优异，尤其是组内的赵俊友老师，课堂教学评比曾获合肥市特等奖、安徽省一等奖和全国二等奖，被合肥市教育局评为“合肥市课题研究先进个人”和“合肥市骨干教师”，被瑶海区教体局评为“十年课改先进个人”和“优秀教师”，先后在省内外做报告和上示范课五十余场。他的课走出了行知校园，走出了瑶海，走出了安徽，登上了别的省市区的舞台，他已成为了小语界的名师，更是我们小语二组的骄傲。我们组也注重对新教师的培养，李静俨老师教龄虽浅，但已多次代表学校参加各类比赛，并取得了优异的成绩，是一颗冉冉升起的语文教学新星。

小学语文二组全体成员共同的教育目标是:让所有的学生在体验中感知幸福，在快乐中茁壮成长。

“行—知—行”——叙事类课文教学模式

语文学科是一门基础性的学科，是一门学习语言文字运用的综合性、实践性的课程。人文性和工具性的统一是语文学科的基本特点。小学语文教材的设计也是内容丰富、形式多样的，既有识字写字教学，也有阅读教学；既有写作教学，也有口语交际、思维发展等方面的学习。行知学校小学语文二组针对叙事类课文研究了阅读教学中叙事类课文的教学模式，即“行—知—行”教学模式。此模式在本组全国名师赵俊友老师的指导下，在我们组内积极推广，操作性极强。具体模式如下：

一、模式结构

行——体验，学生能够带着自己的生活体验走进文本，读准字音，理解词义，读顺课文，初步感知故事，了解故事的梗概，即读故事。

知——认知，学生通过对文本中字、词、句、段、篇的学习，能达到一定的认知水平，能用自己的话来讲述故事，从而达到促进学生理解，锻炼思维，发展语言能力、想象能力等诸多方面的目的。

行——实践，即拓展延伸，回归生活。让学生在生活实践中感悟故事，即悟故事。读懂各种生活中的文字，明白是非对错、善恶美丑，从而引导学生树立正确的人生观和价值观。

二、基本理念

1. 行知幸福课堂理论

行知幸福课堂的三年规划在本阶段的课程文化建设中提到，教师要加强学生实践能力的培养，增强学生的文化底蕴和人文精神。

2. 陶行知生活教育理论

陶行知先生认为，生活即教育，社会即学校，教学做合一。在儿童教育理论中特别提到，要解放儿童的头脑，让儿童用自己的头脑去探索，从而得到自己的认识。我们要培养儿童独立思考的能力，让儿童成为开拓、创造性的人才。

3. 叶圣陶生活教育理论

叶圣陶先生指出，教书本身不是教育，只是教会学生认识世界的一种途径，感悟生命价值的一种方法。凡为教，目的在于达到不需要教。教育就是培养习惯，善教善导，主动发展。

4. 苏霍姆林斯基关于阅读的理论

苏霍姆林斯基认为，学生到了中高年级能不能顺利地学习，首先就取决于他会不会有效地阅读，在阅读的同时能否思考，在思考的同时能否阅读。因此，学生的智力发展取决于良好的阅读能力。

基于以上教育教学理念，我们深感到研究出一种实际操作性强，并具有高效性的课堂模式是有必要的，特别是在中高年级阅读教学的课堂上，在有效的课堂模式的引领下，课堂效率将有效提高。

三、模式解读

1. 模式目标

（1）学生能用普通话，正确、流利、有感情地朗读课文；

（2）学生能联系上下文或通过自己的积累，推想课文中有关词语的意思，辨别词语的感情色彩，体会其表达的效果；

（3）学生能够在阅读中了解文章的表达顺序，体会作者的思想感情，初步领悟文章的基本表达方法。在交流和讨论中敢于提出看法，做出自己的判断；

（4）学生阅读叙事性作品时，能够了解故事梗概，简单描述自己印象最深的场景、人物、细节，能说出自己的喜爱、憎恶、崇敬、向往、同情等感受。

2. 遵循教育教学基本原则

在整个学科模式的研究过程中，我们始终坚持遵循科学性和思想性统一的原则，理论联系实际的原则，直观性原则，启发性原则，循序渐进原则，巩固性原则，因材施教原则等。

3. 教学策略

以行促读，以读促讲，以讲促悟，理论联系实际，环环紧扣，层次鲜明。

4. 教学评价

我们把学生放在学校的中央，放在课堂的中央，利用工具撬动，激发学生的主动性和积极性。课堂是学生学的课堂，不是教师教的课堂。我们要重视对学生多角度、个性化的评价，实现评价方式的多元化。

5. 核心素养

我们要培养学生的阅读素养，达到提升阅人素养、阅世素养等综合素养的目的。

6. 基本环节

（1）行，即体验、经历。教师根据文本特点、学情情况，在直观导入或其他导入的基础上，激发学生阅读的激情和浓厚的兴趣。让学生走进文本，在读中感知故事中的人物形象，即读故事、读形象。读故事前要提出要求，正如朱熹所说：凡读书，须要读得字字响亮，不可误一字，不可少一字，不可倒一字，不可牵强暗记，而是要多读遍数，自然上口，永远不忘。另外，教师在读书的环节中可采用多种方式读，如轮读、赛读、同桌互读、小组合作读等，力求让学生读正确，读流利。在此基础上让学生把人物读到脸上去，读到我们的面前。其作用就是让形象植根于学生的内心，让他自己去分析感受是非善恶美丑。这在赵俊友老师执教的《滥竽充数》一课中就有所体现。

老师：都能读准了？能。不错，有自信。光读准不行，还要把课文内容读懂，怎么是读懂呢？如果你读完以后，头脑中有一个人的形象，你就读懂了。哪个形象呢？你读懂了吗？

学生：我读懂了。

老师：谁的形象在你头脑中？

学生：我知道了南郭先生的形象。

老师：你找出来读一读？

学生：有个南郭先生，从来不会吹竽，也混了进来，每当演奏时，他就鼓着腮帮，按着竽眼儿，装出会吹的样子，居然得到了和别人一样多的俸禄。

老师：请坐！这一段内容比较多，哪位同学能把它读成一句话呢？如果读成一句话，应该怎么读？

学生：我觉得可以这样读，“有个南郭先生，从来不会吹竽，也混了进来”。

老师：你读懂了，坐。读到这句话的时候，你很自然地就会想到课题，是不是？

学生：是。

老师：从来不会吹竽，你想到哪个字词？你说。

学生：谢谢老师，我想到了“滥”这个字。

老师：你读懂了，读到“混”的时候，你又想到了课题的哪个字？

学生：我又想起了“充”这个字。

老师：是的，读懂了，一句话内容很长，能不能读成一个字呢？你读的是哪一个字呢？你读。

学生：我读懂的是“每”这个字，我从这个字里感受到了，南郭先生在里面混了许久。

老师：这是你的感受，是的，要说自己的话，你是世界上独一无二的。还有谁要说，你读懂哪个字？你说。

学生：我觉得是“装”这个字，因为……谢谢老师。

老师：不谢也可以说，我们现在说的是第一句话。

学生：我觉得是从混进来知道的。

老师：哪一个字？

学生：“混。”

老师：过来，这是他读到的。你们也读的是这个字吗？那你们都读懂了，其实这篇课文当中，“混”最有味道，你信不信？

学生：我信。因为从课题就能看出来这个人不学无术，什么都不会，但在里面却非常好地装饰自己，有一副好的皮囊，但在他的内心深处，其实是一无所有。（大笑，掌声。）

（2）知，即认知。即说故事，复述故事。复述是进行讲话训练的一种好形式，能够促进理解，锻炼思维。教师可在机械朗读课文的基础上，让学生放下课本，进行理解和记忆性复述。教师可选择生动的童话故事、成语典故、生活常识为其主要内容，采用简单复述、创造性复述、内容摘要简述、听取别人复述后复述、多人接力复述等，既能促进学生记忆和理解，又可培养学生初步的思维想象能力，说话有条理，用词正确，提高学生逻辑思维的敏捷性。

例如：李静俨老师执教的《小稻秧脱险记》这一课，在讲故事这个环节，她让一组学生上台表演杂草与小稻秧抢营养的情形，并让其他学生根据表演回忆课文中的内容，学生在一次次的表演和回顾中，自然而然地就将课文中的语言变成了自己的语言，绘声绘色地讲起了这个故事，不仅完全理解了这篇课文中所要解决的重点字词，还将故事中杂草的蛮横无理和小稻秧的手足无措表现得淋漓尽致。

（3）行，即实践。让学生在读故事中感悟其深意，即悟故事，以达到举一反三、触类旁通、融会贯通、循序渐进的目的。将语文文本学习中初步形成的情感价值观、是非观延伸到生活中，联系实际生活中相似的事例进行交流、讨论，将正确的情感价值观、是非观进一步深化、固化。

同时，教师要树立大语文观，明白语文学习始于生活，升华于课堂，最终又回归生活。教师可通过推进类似的文章、故事等让学生在阅读中熟练掌握阅读方法，提升阅读能力，把“阅读”与“阅人”“阅世”结合起来，全面提升学生的综合素质。

“行—知—行”这一课堂教学模式，在实际的教学中指导着越来越多的语文教师，我们会继续研究、实践，使它更加完善，与时俱进！

李静俨

李静俨老师于2013年9月参加工作，在2014年合肥市瑶海区第四届德育文化艺术节“上队课”活动中获得特等奖，在2015年安徽省少先队活动课说课展示活动中获二等奖，其中演讲环节获得特等奖。2017年9月，在全国首届“翰林杯”中小学语文同课异构优质课比赛中获得小学组一等奖。在2018年合肥市瑶海区小学语文综合素养大赛中获一等奖，曾获瑶海区“优秀教师”“师德先进个人”等荣誉称号。她的多篇教育论文，在市、省级评选中多次获奖。2018年8月，论文《论多媒体技术在“自育自学”实验中的重要作用》一文，被安徽省教育学会评选为特等奖，并受邀在第11届“自育自学”年会上做特选交流。在研发校本教材方面，她积极参与了行知学校“经典诵读”“学科模式”以及“教师个人校本课程”三个重要项目，并担任主要的负责人，积极地走在校本教研的研发前列。

苏教版小学语文五年级上册

《嫦娥奔月》教学设计

【教材分析】

《嫦娥奔月》是以传统的神话故事为依托，讲了美丽善良的嫦娥为了不让老百姓受害，不让奸诈之人成仙称霸，吞下了长生不老药升天成仙，从此夫妻分离的感人故事。文中展示了嫦娥、后羿、逢蒙等人物的不同性格特征，既有后羿射日的壮观场面，又有逢蒙威逼嫦娥交出仙药的惊险情节；既反映了嫦娥的善良美丽，又表现了她义无反顾吞下仙药的机智勇敢。同时也让学生在潜移默化中被嫦娥心地善良、舍己为民的品质所感染。同时，我结合“行—知—行”的教学模式，让学生学习朗读、讲述、体悟民间故事的精华。

【学情分析】

神话故事内容丰富多彩，具有民间特色，绝大部分学生对课文内容非常喜爱且充满热情。五年级的孩子对于神话故事并不陌生，曾经学习过《开天辟地》《普罗米修斯盗火》等多篇文章。本文语言文字优美动人，通俗易懂，学生阅读起来难度不大，并乐于从中感受到意境美。但如何让学生从故事本身走入故事背后，从“读故事”到“悟故事”，是教学的重点所在。

【教学目标】

（1）教师引导学生理解课文中的生字、词语，有感情地朗读课文。

（2）教师引导学生富有表现力、感染力地讲述故事，理解正面人物和反面人物之间的联系。

（3）通过文章生动的语言描写，学生感受后羿、嫦娥、逢蒙三个人物的性格，学习嫦娥心地善良、舍己为民的品质。

【教学重难点】

（1）学生能够将后羿射日、逢蒙抢药、嫦娥奔月三个故事联系在一起，概括课文主要内容。

（2）学生能富有表现力、感染力地讲述故事。

（3）学习作者创作个性鲜明的人物形象和跌宕起伏的故事情节的方法。

【教学准备】

多媒体设备。

【教学过程】

（一）图片导入，温故知新

教师依次出示“夸父逐日”“牛郎织女”“九色鹿”的图片，让学生说出相应的故事，再说一说它们的共同点，引出“嫦娥奔月”。

（设计意图：由同类型的中国民间神话故事导入，与本文相关度高，且在回忆以往学习的课文中，学生能够对新课文有一个总体的认知和把握。）

（二）读故事——简述故事，认识人物

（1）初读故事，找出主要人物，并以“嫦娥奔月”的形式概括本文的三个小故事。

（2）教师板书“后羿射日”“逢蒙抢药”“嫦娥奔月”三个故事，重点讲解“蒙”的写法，解析“抢”的用法。

（3）学生找出三个故事之间的联系，并简要概括课文主要内容。

（4）读故事起因：读出老百姓在十个太阳的折磨下痛不欲生的感觉。

——走进故事，想象画面，为后羿的英雄形象做铺垫。

（5）读“后羿射日”：读出后羿的力大无穷和英雄气概。

——走近后羿，感受人物，以语言和动作来增强故事的表现力。

（6）读“逢蒙抢药”：感受逢蒙的奸诈贪婪和作者刻画人物形象的方法。

①概括逢蒙的人物形象：奸诈贪婪。

②找出表现逢蒙奸诈贪婪的相关句子，并圈出最能表现其奸诈贪婪的字。（“闯”“逼”“搜”。）

③体会动作描写对于人物形象刻画的重要性。

④读出逢蒙抢药时的迫不及待和紧张氛围。

⑤通过“有个叫逢蒙的，为人奸诈贪婪，也随着众人拜在后羿的门下”这一句，感受作者对逢蒙的厌恶。

⑥分析：作者为什么要用这么多笔墨来描写逢蒙？

（7）读“嫦娥奔月”：感受嫦娥的美丽善良、机智勇敢。

——了解正面人物和反面人物之间的相互对比和衬托。

①找出表现嫦娥美丽善良的句子。

②除了美丽善良，嫦娥还有怎样的品质？（和逢蒙周旋时的机智勇敢。）

③ 重点解析“周旋”，小组合作演一演嫦娥和逢蒙周旋的过程。

④ 后羿为什么不愿意飞天成仙？作者为什么极力去描写逢蒙的奸诈贪婪？

——从正面衬托和反面对比两个角度去突出嫦娥的美丽善良、机智勇敢。

（设计意图：通过多种方式、多种层次的读故事，学生深入地感受到三个主要人物的个性迥异，并了解了故事描写的多种方法，“以读促讲”，为下一个环节打下坚实的基础。）

（三）讲故事——讲述故事，提升语言

（1）学生选择三个小故事中的一个，在小组内相互练习讲故事。

（2）组内推选一位同学上台讲故事，其他同学给予评价。

（3）同学们总结讲好故事的方法。

（设计意图：讲故事这个环节是为了让学生将文本语言变成自身的语言，提升自身的语言表达能力。《嫦娥奔月》的故事比较长，划分为三个小故事可以降低难度，避免学生过分紧张，而且通过学生互评，可以不断总结讲故事的好方法。）

（四）悟故事——感悟故事，升华认知

（1）朗读“后羿追妻”部分，感受后羿和嫦娥为了造福老百姓而夫妻分离的痛苦之情。

（2）想象他们之间的对话。

（3）联系以往学习过的民间神话故事，感受英雄人物的悲壮。

（4）想一想：英雄似乎都没有圆满的结果，为什么要这样去写？

（5）出示更多版本的《嫦娥奔月》，说一说你最喜欢哪一个版本，为什么？

（设计意图：体悟嫦娥、后羿为了百姓做出的奉献和牺牲，深化人物形象，“以点带面”，让学生对民间神话故事中的英雄人物产生崇敬之情。）

（五）课后延伸

（1）把《嫦娥奔月》的故事讲给你的家人和朋友听。

（2）写一篇《嫦娥奔月》读后感。

（设计意图：课后延伸注重语言表达和写作，是基于小学高年级的学生特点和课标要求，要时刻将学情和课标贯彻到各个环节。）

板书设计

后羿射日

逢蒙抢药　闯、逼、搜

嫦娥奔月

苏教版小学语文五年级上册

《嫦娥奔月》课堂实录

老师：同学们都喜欢听故事吗？

学生：喜欢！

老师：那老师来考考你们，行吗？（出示图片）这是关于什么的故事？

学生：夸父逐日。

老师：没错，这个呢？

学生：牛郎织女。

老师：这是一个凄美的爱情故事，再看下一个。

学生：（齐答）九色鹿！

老师：果然同学们都爱听故事，难不倒你们！那现在我们升级难度，这些故事有什么共同点？

学生：都是神话故事。

老师：太棒了！你们一下子就说对了，今天啊，我们要一起听一个精彩的神话故事，它的名字就是——

学生：嫦娥奔月。

老师：（板书课题“嫦娥奔月”）嫦娥，她是这个故事的主人公。（指“奔”）这个字读什么？

学生：（齐答）bèn。

老师：它还有一个音读“bēn”。当它的含义是朝向某一个方向而去的时候，读“bèn”。相信大家已经迫不及待地想要走进这个故事了，现在请同学们根据这个自读提示，自己先读一读课文。（自读提示：（1）读准字音，读通句子；（2）将不理解的词语圈出来；（3）想一想，这篇文章有几个主要人物，围绕他们写了哪些故事？）

学生自读课文，完成自读任务。

老师：有人说，人物是一个故事最核心的部分。这个故事有几个主要人物，谁能按照他们的出场顺序来说一说？

学生：第一个出场的是后羿，接着是逢蒙，最后是嫦娥。

老师：人物正确，顺序也正确。（板书“后羿”“逢蒙”“嫦娥”）“羿”这个字上半部分的“羽”在书写的时候，是“横折”而不是“横折勾”。“逢”在这里读“páng”。“蒙”这个字是我们本节课的一个生字，它最初的意思是把草遮盖在某一样东西上，所以是草字头，请大家观察一下，哪些笔画分布在中线上，只有确定了关键笔画的位置，这个字才能写好。

学生：第二个“横”在横中线上，“弯钩”在竖中线上。

老师：没错，那老师现在来写一下这个字。（田字格贴上范写“蒙”）请同学们仔细观察，然后在你的练字本上练一练这个字。同学们，这篇文章的三个主要人物大家已经找到了，那么围绕这三个主要人物分别讲了哪些故事呢？

学生：后羿射日。（老师相机板书）

学生：逢蒙偷药。

老师：“偷”用在这里是不是最好的？

学生：我认为不是，因为逢蒙是明目张胆地去抢而不是偷。我觉得应该是逢蒙抢药。

老师：这个“抢”字用得好。（板书“逢蒙抢药”）同学们，这三个故事有什么联系吗？

学生：因为后羿射下了太阳，所以得到了仙药，而逢蒙也想得到这一仙药，所以趁后羿不在家，就到他家里去抢，嫦娥为了不让逢蒙获得仙药，就一口吞掉了仙药，然后就飞到了月亮上。

老师：没错，这三个故事一环扣一环，互为因果。其实，所有的故事都有一个起因，如果没有这个起因，故事可能就不会发生。那咱们今天学习的这个故事的起因是什么呢？

学生：第一自然段讲了这个故事发生的原因。

老师：请你来读一读。

（学生朗读第一自然段）老师：谁能评价一下这位同学的朗读？

学生：她读得很熟练，但是感情不够。

老师：你认为要读出什么样的感情？

学生：应该读出老百姓被十个太阳晒得很痛苦的感觉。

老师：那请你读一读，把这种感觉读出来。（学生朗读第一自然段）听了你的朗读，我仿佛回到了远古时代，看到了被烈日炙烤的苦难百姓，谢谢你，请坐。同学们，我们读故事啊，一定要想象画面，读出感情，这样才能吸引听众。

（学生齐读第一自然段）老师：和所有的故事一样，这时候有一个英雄出现了，他就是后羿，这是一位怎样的英雄呢？

学生：力大无穷。

老师：谁来读一读讲解这位英雄的部分？

（指名学生读“后羿射日”部分）老师：老师想给你一个建议，请你加上动作再来读一遍？

（学生加上动作再读“后羿射日”部分）老师：你自己感觉有什么变化？

学生：我觉得加上动作更能体现出后羿的力大无穷。

老师：是啊，读故事的时候，加上合适的动作，听起来会更生动。

（学生加上动作，齐读“后羿射日”部分）

老师：可是啊，就是这样一位英雄，他却收了一位什么样的徒弟呢？

学生：奸诈贪婪。

老师：什么叫奸诈贪婪？请大家继续默读下文，找一找哪里能体现逢蒙的奸诈贪婪，画出相关的句子，并在这些句子中圈出最能体现逢蒙奸诈贪婪的字。

（学生默读课文，画相关句子并圈字）

老师：现在老师想请几位同学按顺序读一读你画出的句子。

学生1：这件事不知怎么被逢蒙知道了，他一心想把仙药弄到手。

老师：你认为哪个字最能体现逢蒙的奸诈贪婪？

学生1：我认为是“弄”这个字。

老师：为什么？

学生1：因为这个字一听就给人一种不光明正大、手段不正当的感觉。

老师：你说得真好！老师把你找到的这个字写在黑板上。（板书“弄”）还有吗？

学生2：到了晚上，逢蒙手提宝剑，迫不及待地闯进后羿家里，威逼嫦娥把仙药交出来。

学生3：逢蒙见嫦娥不肯交出仙药，就翻箱倒柜，四处搜寻。（老师相机板书“闯”“逼”“搜”）

老师：同学们，你们发现了吗？这些字有什么共同点？

学生：这些字都是逢蒙抢药时的动作。

老师：同学们，你们真是有一双善于发现的眼睛，这些动作无一不体现出逢蒙的奸诈贪婪。我们在读故事时，要关注到这些凸显人物性格的字词，这更利于我们理解故事、感受人物。现在老师请一位同学来读一读这一部分。

（指名读“逢蒙抢药”部分）

老师：这位同学通过朗读，将我们刚才总结出的动作都突出了出来，但老师还有一点小建议，大家想一想，逢蒙去抢药时他的心情是怎样的？和嫦娥周旋时，当时的气氛又是怎样的？

学生：逢蒙的心情是迫不及待的，气氛应该很紧张。

老师：没错，那我们在读这一部分时的语速应该是？

学生：语速要快！

老师：再请一位同学读一读，要读出逢蒙的迫不及待、奸诈贪婪和当时紧张的气氛。

（指名再读“逢蒙抢药”部分，后全班齐读）

老师：这一部分，让我们感受到了逢蒙的奸诈贪婪，也感受到作者对他的厌恶，老师在读故事的时候，发现有一句特别能体现出作者对逢蒙的厌恶，跟大家分享一下。（出示：有个叫逢蒙的，为人奸诈贪婪，也随着众人拜在后羿的门下。）大家能发现吗？

学生：我觉得应该是“随着”。

老师：为什么？

学生：我觉得逢蒙不是真心想拜后羿为师，他是有目的的或者说他心里并不是因为敬重后羿而去拜师。

老师：你的分析很有道理，还有哪里能体现出作者对逢蒙的厌恶呢？

（学生一时难以发现，老师出示：有一个力大无比的英雄名叫后羿；后羿的妻子嫦娥，是个美丽善良的女子；有个叫逢蒙的……）

老师：读一读，感受一下，这样对比一下，大家能发现吗？

学生：在后羿和嫦娥的名字之前，作者都介绍了他们的身份，但是在介绍逢蒙之前连身份都不写，说明作者很讨厌他，我们平时说“有个叫某某的”，也是一种不礼貌、不尊重的说法。

老师：我觉得大家应该给他掌声，他眼光敏锐，分析得当，还举出我们生活中的例子，特别棒！同学们，这节课你收获到了关于读好一个故事的哪些方法？

学生1：想读好一个故事，要想象故事当中的场景。

学生2：加上一些动作也能帮助我们读好故事。

学生3：把那些体现人物性格的词突出出来，故事会更生动。

学生4：读故事的时候，还要去发现作者对每一个人物的不同感情。

老师：同学们的总结都很对，这节课快要结束了，但老师还想再考考你们，（出示问题）这个故事的名字叫《嫦娥奔月》，可是作者为什么要用大量笔墨去写逢蒙和后羿呢？这个问题请大家思考一下，下节课，我们再一起探讨。下课！同学们再见！

学生：老师再见！

孙 蕾

孙蕾，小学语文二级教师，本科学历，学士学位。2011年毕业于合肥师范学院汉语言文学专业。参加工作以来一直从事小学语文教学兼任班主任工作，积极参加校内外的各项培训，不断提升自己的专业素养和教学水平。在瑶海区德育文化艺术节“上队课”说课比赛中获得特等奖，所带班级在学校的各项活动中都取得了优异的成绩，也多次被评为校年度“优秀班主任”。“用心经营教育，用爱温暖童心，引领孩子沐浴阳光，引导孩子浸润书香”，是孙蕾老师一直以来的目标和追求。

《自相矛盾》教学设计

【教材分析】

《自相矛盾》出自《韩非子·难一》，是中国人家喻户晓、老少皆知的一个寓言故事。它以简洁、形象、传神的人物和情节描述，生动地传达出了这样一个深刻的人生大智慧——矛盾的相互依赖和相互制约构成了我们的这个世界。现在，我们用“自相矛盾”来比喻一个人说话、行动前后抵触，不一致。寓言故事包蕴着深沉的历史积淀和深厚的文化底蕴。在现实的生活中，这些凝练为几个字的成语，又常常被我们信手拈来，与我们的思想和生活如影随形。因此，教学这样的寓言故事时，教师应注重文体特点，将“行—知—行”的课堂模式贯彻其中，让学生在读故事、讲故事的基础之上，联系实际，体悟故事。

【学情分析】

五年级的学生正处于儿童成长中的一个关键期，他们能逐渐意识到自己的情感表现及随之可能产生的后果，并且控制和调节自己情感的能力也在逐步加强。新课标要求学生说出自己的感受，这就要求我们在教学中去引导学生对文中人物及其行为进行感悟。从教育的角度来说，五年级学生的学习能力已经加强，自己有能力独立进行课前预习和课后复习，这样可以很好地掌握所学的知识。在自主学习与合作探究中，锤炼、运用，实现五年级学生从被动的学习主体向主动学习的主体转变，以逐步提升学生学习的实效性。

【教学目标】

（1）学生能正确、流利、有感情地朗读课文。

（2）学生能理解“夸口、张口结舌”的意思。

（3）学生能联系自己的生活经验，理解成语的意思。

（4）教会学生利用文本冲突，学会质疑。

【教学重难点】

使学生熟读课文并联系自己的生活经验，理解成语的意思。

【教学准备】

道具矛和盾、多媒体课件。

【教学过程】

（一）谈话激趣导入

（1）同学们，在我们几年的学习中已经知道了很多的寓言故事，现在你们能说出几个故事的名字吗?

（2）那你们能说说这些寓言故事有什么共同的特点吗?

（3）今天我们就再学习一则新的寓言故事。（指读课题：自相矛盾）

（4）板书课题，认识“矛盾”。

（二）读故事——初步感知，了解梗概

（1）学生合作读课文，尝试将课文分成两部分。

（2）引导学生了解梗概。

（三）讲故事——走进买卖现场，感受寓言魅力

1. 对比读“楚国人”的两次吆喝

（1）出示描写楚国人的句子，让学生初步感知楚国人是如何“卖矛又卖盾”的。相机解释：夸口。

（2）抓关键词“坚固、锐利、戳穿”指导朗读，使学生感知人物形象。

（3）利用想象读出楚国人的心理。

（4）读出自己的态度。

2. 精读“围观人”

（1）读出围观人的质疑。

（2）悟一悟：如果用矛戳盾会怎样?

（3）看板书，讲故事。

（四）悟故事——根据文本领悟寓意并联系实际进一步理解

（1）同学们，现在你知道那个人为什么“张口结舌”了吧？（指名回答）

（2）在生活中你有过这样的经历或者听说过这样的事例吗?

（3）你明白了什么道理?

（五）读古文，进一步激发学生阅读的兴趣

（1）这个故事和这么多的事例确实给了我们很大的启示，其实早在2200多年前《自相矛盾》这个故事就已经流传开了，它是我国法家学说的杰出代表韩非子所作，同学们，你们想去读读2200多年以前韩非子的《自相矛盾》吗?

（2）出示古文《自相矛盾》，学生自读。

（3）指名学生读，教师范读，学生根据课文说说古文大概的意思。

（4）小结：同学们我们刚刚分别读了现在的《自相矛盾》和2200多年前的

《自相矛盾》，你们发现了什么？

（六）小　结

同学们，在我们中华民族悠久的文化长河中，还有很多像《自相矛盾》一样流传了几千年的寓言故事，我们可以利用课外的时间去读一读，这样不仅可以拓宽我们的视野，也会使我们在今后的人生道路上走得一帆风顺！

（七）作　业

（1）把故事有声有色地讲给家人听。

（2）搜集并阅读其他成语故事。

叶杨梅

叶杨梅，小学语文高级教师。从2001年师范毕业，进入行知学校，一直担任语文教学及班主任工作，深知作为一名“人类灵魂的工程师”的乐趣和重要意义。

在她长期的教学生涯中，一直遵循的准则是：千教万教，教人求真；千学万学，学做真人。注重研究教学规律，精心组织教学，受到家长、学生们的一致好评。在班级管理中能够创设宽容、理解、和谐的班级气氛，尊重学生的个性，爱护学生的自尊心和自信心，鼓励学生的创造性。

通过不懈努力，多次被评为校“优秀班主任”“优秀教师”，多篇论文在市、区获奖，所带班级被评为“区优秀中队”等。

《牛郎织女》教学设计

【教材分析】

《牛郎织女》这篇课文讲述了一个动人的故事：孤儿牛郎在老牛的帮助下认识了美丽的姑娘织女。他们男耕女织，过着美满的生活。王母娘娘知道后，拆散了他们，并带着天兵天将抓走了织女。牛郎急忙披上老牛的皮，用竹筐挑着两个孩子去追织女，快要追上时，王母娘娘用玉簪划出天河将他们隔开，从此，牛郎织女只能隔河相望，天长日久，他们就成了天河边上的牵牛星和织女星。在教学时，教师应将“行—知—行”的课堂模式贯彻其中，从而让学生在读故事、讲故事的基础之上，联系实际来感悟故事。

【学情分析】

牛郎织女的故事可谓家喻户晓，六年级的孩子对课文的内容大多能知晓，课文学习起来会比较轻松，但对课文表达的情感掌握会有一定的难度，教师应进行必要的指导。

【教学目标】

（1）学生能正确、流利、有感情地朗读课文，能简要复述课文。

（2）通过多种形式的语言训练，引导学生体会牛郎织女之间的真挚情感以及他们对美好生活的追求。

【教学重难点】

重点：了解故事的经过。

难点：体会作者对牛郎、织女寄予的深切同情和对封建专制统治的揭露和鞭挞。

【教学过程】

第二课时

（一）复习导入

简述故事的梗概

（二）讲故事——走进人物

（1）自读课文第1—6自然段，思考：牛郎、织女的牵手与哪些因素有关？

圈画批注，写写感受。

交流：老牛的撮合——“老牛跟他也很亲密……”让我们有一种错觉，老牛是他的亲人，亲人又变成了媒人，撮合了一对姻缘。

牛郎——善良、勤劳、勇敢（板书）

① 照看老牛很周到（总是、最好、最干净）。

② 身世反衬——不抱怨、不怀恨、吃苦耐劳。

③ 坦白、诚实、不隐瞒。

织女—— 善良（板书）喜欢牛郎的心眼儿好，能吃苦

心灵手巧（板书）

勇敢、追求幸福（板书），留在天庭，有锦衣玉食，没有真情和自由；人间艰辛坎坷，但有自由有真情，留在人间，她应该知道后果，但全然不顾，因为自由、爱情实在是太动人了，“生命诚可贵，爱情、自由价更高”。

小结：牛郎的善良拉近了天上人间的距离，那么织女对自由和真情的渴望和她的勇敢跨越了这条鸿沟，让一切变成可能。

（2）分离——王母娘娘。

自读课文第8—10自然段，也可以联系上下文，感受王母娘娘的形象。

交流：冷酷、专横、跋扈

（3）看板书讲故事。

（三）感悟故事——根据“神话”定义并联系实际进一步理解

（1）为什么要设计王母娘娘这个人物？（代表黑暗势力，反映封建社会的现实；反衬织女的勇敢以及这段爱情的可贵。）

（2）牛郎、织女为什么最后没在一起？（斗争不过，只能表达渴望。）

（3）请你读一读最后一个自然段，说说为什么人们会有这样的想法？（因为人们都希望牛郎和织女这两位善良、勇敢、勤劳的人过上好日子，寄托着人民群众也希望能过上美满生活的美好愿望。）

（四）小 结

牛郎、织女都是那种通过勤劳节俭来创造和追求美好生活的人。正是因为如此，民间才会有这样一个悠久的传说。

（五）课后作业

（1）把故事有声有色地讲给家人听。

（2）搜集并阅读其他民间故事。

张丽萍

张丽萍，小学语文高级教师。从教19年来，一直从事小学语文兼任班主任工作，在班级管理中注重对教学方法的探索，积极培养和谐融洽的师生关系，营造轻松快乐的生活、学习氛围，渗透爱和尊重的情感体验。在语文教学中，她关注孩子的个性差异，重视知识的积累，让学生不仅会学“语文”，更要会用“语文”。所带班级在各项活动中表现突出，受到校领导和家长的好评。所撰写的论文曾获“合肥市二等奖”；2006—2009，曾参与校级“自育自学”课堂模式试验；2006年和2010年两次被评为校级“优秀教师”；2015年被评为区级“优秀班主任”。

教育感言：把机会让给学生，把精彩留给学生，把掌声送给学生，把希望带给学生。

《画龙点睛》教学设计

【教材分析】

《画龙点睛》见于唐朝张彦远的《历代名画记》。传说，梁代张僧繇在金陵安乐寺壁上画了四条龙，却不点眼睛，说点了就会飞走。听到的人不相信，偏叫他点上，结果刚点了两条，这两条龙便乘云飞去，只剩下没点眼睛的那两条龙。现在这个成语比喻作文或说话时在关键地方加上精辟语句，使内容更加生动传神。教学时，教师应注重文体特点，将“行—知—行”的课堂模式贯彻其中，从而让学生在读故事、讲故事的基础之上，联系实际，感悟故事。

【学情分析】

五年级的学生对这一则寓言故事是熟悉的，对寓言故事的学习已经积累了很多的方法和技能，但对文章整体性把握的能力还有待提高。

【教学目标】

（1）学生能正确、流利、有感情地朗读课文。

（2）学生能理解“半信半疑、画龙点睛、活灵活现”等词的意思。

（3）学生能联系自己的生活经验，理解成语的意思。

（4）学生能体会故事中所蕴含的道理。

（5）学生能用自己的话把《画龙点睛》这个故事讲给别人听。

【教学重难点】

（1）抓住关键词理解文本。

（2）感悟故事中所蕴含的道理。

【教学准备】

多媒体课件、图片。

【教学过程】

（一）谈话激趣导入

（1）师：古时候有位画家非常喜欢龙，就他画龙这件事还引发了一则成语，今天我们一起来学习这个流传至今仍常读常新的故事——《画龙点睛》。

（2）板书课题，认识“睛”。

（二）读故事——了解梗概，读懂故事

（1）学生合作读课文，整体感知。

（2）引导学生了解故事的梗概。

（三）讲故事——走近张僧繇，品读寓言故事

1. 精读“张僧繇”

（1）出示描写张僧繇的句子，让学生初步感知张僧繇点睛之笔之功效。相机解释：神韵。

（2）抓关键词“提、点”指导朗读，使学生感知人物形象。

（3）利用想象读游客的神态变化。

（4）读故事结果，利用“不信”“唬人”质疑为何要点。

2. 对比读：游客的前后心理变化

（1）读描写游客初看到龙的样子，读出游客的质疑、惋惜。

（2）悟出游客们再次看到龙后惊叹不已。

3. 看板书讲故事

（四）悟故事——根据文本领悟寓意并联系实际进一步理解

老师：我们能从这则寓言里得到什么启示？请举出一些事例来印证故事的寓意。

（五）拓展延伸，激发阅读兴趣

（1）出示《画龙点睛》的原文，老师范读，学生自由读。

（2）出示《论语》《韩非子》中的成语，感受积累。

（六）讲故事结果

（七）作 业

（1）把故事有声有色地讲给家人听。

（2）搜集并阅读其他成语故事。

赵俊友

赵俊友，男，合肥市行知学校小学语文高级教师，课堂教学评比获合肥市特等奖、安徽省一等奖和全国二等奖；多篇论文获省市一等奖。被合肥市教育局评为“合肥市课题研究先进个人”和“合肥市骨干教师”。被瑶海区教体局评为“十年课改先进个人”和“优秀教师”。先后在省内外做报告和上示范课五十余场次。现被瑶海教体局聘为小学语文兼职教研员，被合肥市两所学校聘为“指导教师”。其教学事迹被《合肥晚报》《安徽商报》多次报道。

《滥竽充数》教学设计

【教材分析】

《滥竽充数》这则寓言来自于《韩非子·内储说上》，主要介绍了战国时期，南郭先生虽然自己不会吹竽，却混在其中，后来由于怕被发现，只得偷偷地逃走了。“滥竽充数”这个成语指没有真才实学的人混在行家里充数，或是以次充好。教学时，教师应注重文体特点，将“行—知—行”的课堂模式贯彻其中，从而让学生在读故事、讲故事的基础之上，联系实际，感悟故事。

【学情分析】

五年级的学生对这一则寓言故事是熟悉的，对寓言故事的学习也已经积累了很多的方法和技能，但对文章的整体性把握能力还有待提高。新课标要求学生能够说出自己的喜爱、憎恶、崇敬等感受，这就要求我们在教学中去引导学生对文中人物及其行为进行感悟。

【教学目标】

（1）学生能正确、流利、有感情地朗读课文。

（2）学生能理解“俸禄、滥竽充数”的意思。

（3）学生能联系自己的生活经验，理解成语的意思。

（4）教会学生利用文本冲突，学会质疑。

【教学重难点】

引导学生熟读课文并联系自己的生活经验，说出自己的感悟。

【教学准备】

乐器、多媒体课件。

【教学过程】

（一）激趣导入新课

（1）激趣导入。

老师：今天我们一起来学习一个2000多年前的小故事，它流传至今仍常读常新，它就是《滥竽充数》。

（2）板书课题，认识“竽”。

（二）读故事——了解梗概，读懂故事

（1）学生合作读课文，尝试将课文分成两段。

（2）引导学生了解梗概。

（三）讲故事——走近南郭先生，品读寓言故事

1. 精读南郭先生

（1）出示描写南郭先生的句子，让学生初步感知南郭先生是如何“滥竽充数”的。相机解释：俸禄。

（2）抓关键词“鼓、按、装”指导朗读，使学生感知人物形象。

（3）利用想象读南郭先生的心理活动。

（4）读出自己对南郭先生的态度。

（5）读故事结果，利用“混”和“逃”质疑：为何要逃？

2. 对比读“齐宣王和齐湣王”

（1）读描写齐宣王与齐湣王的句子，读出齐宣王喜欢听齐吹、齐湣王喜欢听一个一个吹的特点。

（2）悟出齐宣王和齐湣王的不同喜好以及对南郭先生装吹竽产生的不同结果。

（3）看板书讲故事。

（四）悟故事——根据文本领悟寓意并联系实际进一步理解

老师：我们能从这则寓言中得到什么启示？在生活中有没有这样“滥竽充数”的人和事呢？请大家来分享。

老师总结：这就是寓言教给我们的人生哲理，只有踏踏实实地去学习研究，才能处变不惊，因为“真金不怕火炼”。

（五）拓展延伸，激发阅读兴趣

（1）出示《滥竽充数》小古文，老师范读，学生自由读。

（2）出示《韩非子》《山海经》《论语》中的常见成语，感受积累。

（六）课后作业

（1）把故事有声有色地讲给家人听。

（2）搜集并阅读其他成语故事。

《滥竽充数》课堂实录

老师：同学们，刚才听了主持人的介绍，对我有哪些了解，我来自哪里？姓名叫什么？能听明白吗？好，大家试一试。

学生：谢谢老师，我知道老师来自合肥市，我还知道老师姓赵，名字叫赵俊友。

老师：介绍得非常清楚明白，我来自合肥市行知学校，我的名字叫？

学生：赵俊友。

老师：名字好听吗？

学生：好听。

老师：你要是把我的姓去掉，再读更好听，你试试？

学生：俊友。

老师：奇妙吧？你再试试？

学生：俊友。

老师：请用不同的风格再试试。

学生：俊友。

老师：就是这么好听，我喜欢，同学们，你们知道俊友是什么意思吗？怎么解读？

学生：我觉得您这个名字，是你非常的英俊，而且非常的友好。

老师：你这样说不好，你这样说我容易骄傲，谢谢你的解读。我英俊在哪儿呢？刚才他说了，你能不能看出来？你看出来我英俊在哪儿？你说。

学生：我觉得您英俊在头发上，还有这个衣着上。

老师：衣着，这叫发型，是的，你们关注的是我的“俊”，我最喜欢我的“友”，我的“友”小篆是这样写的，两只手，手拉手，互相帮助叫？

学生：朋友。

老师：对，朋友。这节课我们大手拉小手，互相帮助好不好？

学生：好。

老师：一言为定，一言既出？

学生：驷马难追。

老师：（与学生拉钩）好的，刚才讲?

学生：一言既出，驷马难追。

老师：这是什么意思?

学生：友。

老师：（对另一位学生）你说是什么意思?

学生：我认为“一言既出，驷马难追”的意思是，只要许下了一个承诺，就是四匹马也难以追回来。

老师：嗯，对，你知道的真多。既然这样，我们这节课一定要?

学生：上好。

老师：你看他已经发誓了，不上好也不行了。压力很大，大家都准备好了吗?

学生：准备好了。

老师：好了，我们开始上课!

学生：起立！老师好!

老师：同学们好，请坐！刚才有点不对拍子，下面我们要注意了，所有同学看这儿，今天我们一起读一个成语故事，这个成语故事虽然经历了2000多年，但是至今人们还是口口相传，常说常新。故事的名字叫《滥竽充数》，举起右手，我们来写一写、记一记这个成语。（指课题）会读吗?大家读一读。

学生：滥竽充数。

学生：滥竽充数。

老师：一起读!

学生：滥竽充数。

老师：因为历史久远，里边有一个字，我们现在很难懂了——“竽”，有谁知道这个字的意思给我们介绍介绍，（指名一个同学）你说说。

学生：我觉得竽是一种乐器。

老师：嗯，是一种乐器，准确地说，是一种古代的乐器。因为现在已经没有了，它演变成了我们今天的笙，大家见过吗?没见过。我平时呢，有个小爱好，变变小魔术什么的，但是很少成功，今天我来试一试，但也不敢保证能够成功，想看看竽吗?

学生：想。

老师：嗯，想，想我就开始变。来，这位同学请你把椅子往后退，身体往下，再下去，摸一摸，看能找到什么？哎，真有啊，这是什么？

学生：竽。

老师：笙，这就是笙，笙啊，是竽演变过来的，竽又叫大笙，它的体积要比竽大，但是结构差不多，有竽嘴、竽斗、竽苗、竽眼儿，你知道吗？

学生：我知道叫竽眼儿。

老师：是竽眼儿，好，再请一位同学，哎，你起来干什么？你要干什么？

学生：没事。

老师：没事也不行，起来，你摸一摸，请你说一说，“竽”字为什么是竹字头呢？

学生：因为竽是用竹子做的。

老师：大家明白了吗，虽然竽没有了，但它还是我们中华民族的文化，所以在笔记本上大家把这个字记一记。记下来了吗？好，课文都读了吗？

学生：读了。

老师：能读好吗？

学生：能。

老师：嗯，课文简单，但是也不简单，因为我国著名的教育家朱熹说，要读得字字响亮，不错一字，不多一字，不少一字，不倒一字，这还真是不容易啊！我今天希望所有的同学都能够做到这一点，当然，在希望别人的同时我们首先要要求自己，现在我来读，如果有错的，你们帮助我，好不好？注意听，滥竽充数，战国时，齐宣王喜欢听吹竽，他总是叫许多人一齐吹给他听。有个南郭先生，从来不会吹竽，也混了进来。每当演奏时，他就鼓着腮帮，按着竽眼儿，装出会吹的样子，居然得到了和别人一样多的俸禄。齐宣王死了，他的儿子齐湣王也喜欢听吹竽。可是他不要许多人一齐吹，而要一个一个地单独吹。南郭先生只好逃走了。有没有要帮助我的？有没有错？

学生：没有。

老师：你们能不能也像这样读，为了达到这个目标，我们同桌之间互相读，手拉着手，互帮互助，开始，你读我听，我读你听。

（学生互读，老师巡视）

老师：都能读准了吗？能，不错，非常自信，但光读准不行，还要把课文内容读懂，怎么读懂呢？如果你读完以后，头脑当中有一个人的形象，你就读懂了。哪个形象呢？你读懂了吗？

学生：我读懂了。

老师：谁的形象在你头脑当中？

学生：南郭先生的形象。

老师：请你找出来读一读？

学生：有个南郭先生，从来不会吹竽，也混了进来，每当演奏时，他就鼓着腮帮，按着竽眼儿，装出会吹的样子，居然得到了和别人一样多的俸禄。

老师：请坐！这一段内容比较多，哪位同学能把它读成一句话呢？如果读成一句话，应该怎样读？

学生：我觉得可以用“有个南郭先生，从来不会吹竽，也混了进来”。

老师：你读懂了。请坐，当读到这句话的时候，你很自然地就想到了课题，是不是？

学生：是。

老师：从来不会吹竽，你想到了哪个字词？

学生：我想到“滥”这个字。

老师：你读懂了，读到“混”的时候，你又想到了课题的哪个字？

学生：我又想到了“充”。

老师：是的，你读懂了，但一句话的内容还长，能不能读成一个字呢？你读试一试。

学生：我读懂的是“每”这个字，我从这个字里感受到了南郭先生在里面混了许久。

老师：这是你的感受，是的，要说自己的话，你是世界上独一无二的。还有谁要说，你读懂了哪个字？

学生：我觉得是“装”这个字，因为……

老师：我们现在说的是第一句话。

学生：我觉得是从混进来知道的。

老师：哪一个字？

学生：“混。”

老师：过来，这是他读到的。好，写到这里，字如其人，好好地写。你们也读的是这个字吗？那你们都读懂了，其实这篇课文当中，“混”最有味道，你信不信？

学生：我信。因为从课题就能看出来这个人不学无术，什么都不会，但在里面却非常好地掩饰自己，有一副好的皮囊，而在他的内心深处，其实是一无所有。（大笑，掌声）

老师："混"这个字特别有味道，他信了，你信不信？

学生：我信。

老师：不管你们信不信，反正我是信了，现在根据我的提示，去品味"混"这个字，我们要读到人物的内心，怎么读呢？他在混的时候，心里会想一些什么呢？你能不能读进去？

学生：我觉得南郭先生，这时候会想：我会不会因为装得不像而被齐宣王发现呢？

老师：（因为学生表达不清）说话的时候要想清楚再说，现在有没有同学想好，想好了用一句话说完。

学生：我觉得南郭先生会想：我这时会不会被齐宣王发现，我只是在装样子。

老师：其实你读的是有担心的情感是不是？

学生：是。

老师：请你把这句读一读，注意是有味道的，担心地读，来。

学生：我会不会……

老师：你不是"我会不会"，是有个南郭先生。

学生：哦。有个南郭先生，从来不会吹竽，也混了进来。

老师：你看，他混得小心翼翼，是不是？有味道来读，再试一试。

学生：有个南郭先生，从来不会吹竽，也混了进来。

老师：这是害怕担心，你还体会到什么？我过去，你的椅子稍微让一下，往前一点点，好，谢谢！

学生：我还读出来，他有侥幸心理的一面。

老师：侥幸心理，你读一读。

学生：有个南郭先生，从来不会吹竽，也混了进来。

老师：嗯，他的语调又上去了。刚才语调下来了，现在又上去了。这就是读出了不同的味道来。好，你读一读。

学生：有个南郭先生，从来不会吹竽，也混了进来。

老师：读出自己的味道来了，一起读，来，预备齐。

学生：有个南郭先生，从来不会吹竽，也混了进来。

老师：我们再读，还有不一样的味道，你信不信？

学生：我信。

老师：你信不信？

学生：我信。

老师：不管你信不信，反正？

学生：我信了。

老师：信了就好，我们不仅要读进去，还要读出来，我们要站在旁观者的角度看一看，南郭先生他是什么样的人，我们对他是什么态度呢？

学生：我还从这里知道了南郭先生非常庆幸。他感觉“我终于混进来了”，但是他在庆幸的同时也是担心的。

老师：你还在读我们刚才读到他心里去，是吧？你还在回味，没有出来。现在我们说的是你读的是什么态度？你对他这种行为是怎么看的？请你说一说？

学生：他觉得心里一定非常……

老师：不是心里，你怎么看他这样的行为？

学生：我觉得他是不对的，他不应该存在这样的侥幸心理。

老师：你读出的是批评责怪，是不是？请你读一下。

学生：有个南郭先生，从来不会吹竽，也混了进来。

老师：他把他要表达的意思混在了“混”里面，来，你说一说。

学生：我从这里可以看出来，南郭先生的不劳而获，感觉他最后一定会被揭穿的。

老师：这是你读懂的，请你再读一读！

学生：有个南郭先生，从来不会吹竽，也混了进来。

老师：好，我再说一句话，同学们请思考。我说我们把“混”字读好了，其他内容都能读好了，为什么？

学生：我认为这个“混”字就是主要意思，把“混”这个字的味道读准了，其他的理所当然也就顺了。

老师：因为下面内容都是写他？

学生：混进吹竽的队伍中。

老师：写他怎么混的，好，下面的任务是这样，请你带着你的体会读进去也好，读出来也好，但是最后你要把南郭先生的样子读到脸上去，读到我们的眼前，会不会？

学生：会。

老师：哦，会，反正我是不行，今天你们去练一练，如果你们能读好，你们就是青出于蓝而胜于蓝。自己念，放声地念，再找同学比一比，看谁能把他的形象读到我们的眼前来。（学生停下后）自己念，读得摇头晃脑就对了，（指着自己的额头）读得这里有个大疙瘩就对了，就是这样读，自己读，放声读。有愿意读的吗？（学生停下来后）我们比一比，好，你先读，这样，既然要让别人看到，你必须到前面来。（拿走学生的话筒）这不需要了，我来！同学们看，看看能不能从她这里看到南郭先生的样子。

学生：每当演奏时，他就鼓着腮帮，按着竽眼儿，装出会吹的样子，居然得到了和别人一样多的俸禄。

老师：嗯，我能听到，能想到，还没有看到，谁能让我们看到，你能让我们看到吗？你过来，来看这儿！

学生：每当演奏时……

老师：我拿着，把你刚才的样子做出来。

学生：每当演奏时，他就鼓着腮帮，按着竽眼儿，装出会吹的样子，居然得到了和别人一样多的俸禄。

老师：你想拿奥斯卡小金人吧？这样就有味道多了。（指另一位同学）来！你过来读，让他演，那样效果特别好。刚才他读你看到了吗？能超过他吗？比一比，来，说“能”。

学生：能。

老师：声音小一点，保护嗓子，要有底气。

学生：能。（笑声）

老师：哎，对，这样效果就好多了。

学生：有个南郭先生……

老师：（拿课文纸）不行，我来帮你拿着。

学生：有个南郭先生，从来不会吹竽，也混了进来。每当演奏时，他就鼓着腮帮，按着竽眼儿，装出会吹的样子，居然得到了和别人一样多的俸禄。

老师：（学生做胜利的手势）这是什么意思？

学生：阴谋得逞非常开心。

老师：你看把人物读活了，把南郭先生印到了我们的脑海里，永远也忘不了。这就是读书，这样混，结果怎么样呢？

学生：结果齐宣王死了，齐湣王……

老师：结果，直接说结果。

学生：结果南郭先生逃走了。

老师：你过来，举手干什么？你过来，不要拿，过来，你知道结果吗？

学生：知道。

老师：说！

学生：因为种种原因……

老师：直接了当，结果？

学生：南郭先生只好逃走了。

老师：（教师转身看到黑板上学生写的“混”字）哟，这字是谁写的？站起来，你写的？这字虽然小，但特别娟秀，你们看看这个字，不得了，来，你比他写得好，在下面写，你不要写“混”，他已经写过了，就在这儿写逃啊？

学生：哪个逃？

老师：哪个逃？好朋友就这样，不知道商量商量，看他写字，我来帮你（老师帮学生扶黑板）。（学生自己擦了重写）不满意是吧？对，就要有追求是对的，他的走之写得不对，走之儿很多人都有问题，我来教一教你们，你们就能把字写好了，谁走之儿写得好？（台下老师笑）走之儿？你说说？

学生：老师，你说的是走之旁吗？

老师：哎，有朋友真好，关键的时候能给我点拨，哎，就是的，你能不能写好？试试，没关系，你鼓掌干什么？

学生：我欢迎他，给他鼓励。

老师：那就给他鼓励，来！

学生：（鼓掌）

老师：我提示你怎么写好，点头要高，好，哎哎，不对，就写一个，这样写就倒笔了，就写走之儿，（台下老师笑）叫什么？你再教我？

学生：王佩林。

老师：我说你刚才写的叫什么？

学生：走之底。

老师：哦，走之底，头要高，脖子短，最后一笔，捺要一波三折，你们都写，我写一个你们看看，写完的跟我的对比一下，好，把笔停下来。聪明的同学读到这里的时候，他肯定有问题，也肯定读出问题来。说说，后面的同学说说，其他同学还在思考。

学生：我想说南郭先生为什么逃走了。

老师：对啊，为什么逃走呢？

学生：我感觉是他混不下去了，齐湣王当了王。

老师：这是他的见解，你说呢？

学生：我认为是齐湣王喜欢一个一个吹竽，而这个南郭先生不会吹竽，所以他只好逃走了。

老师：一对比就明白了，你说一说。

学生：我觉得……

老师：你一读就能明白。

学生：战国时，齐宣王喜欢听吹竽，他总是叫许多人一齐吹给他听。齐宣王死了，他的儿子齐湣王也喜欢听吹竽。可是他不要许多人一齐吹，而要一个一个地单独吹。我认为他从混到逃的原因，是他的侥幸与懒惰的心理，他只满足于现在的滥竽充数，有那么好的学习环境，他不每天都回家练，而是每天都在自欺欺人，最后只能落得逃之夭夭的下场。

老师：嗯，你说得真好！但是没到关键点，除了南郭先生以外，还有什么原因呢？

学生：我认为是他个人的喜好问题。

老师：什么喜好，你说清楚。

学生：齐宣王喜欢集体吹。

老师：他可以？

学生：他可以在那里侥幸地生存下去。而齐湣王喜欢一个一个地吹，他就没办法了。

老师：所以关键点是，现在读明白了吗？

学生：读明白了。

老师：好，课文当中还有几个关键的人物要记一记，谁来写一写他们的名字？你字写得漂亮，刚才已经写过了，哪个同学，没写过的再来，你过来。我们其他同学都写，把三个人物的名字都写一写，为什么呢？因为南郭先生现在已经成为了我们这个成语的代名词了。你过来，还有吗？还有，你过来，其他同学在下面写，把这三个人物写一写，工工整整，一笔一划，写完以后看黑板，好，谢谢，这就是写字，字是人的第二张脸，刚才这几位同学第二张脸长得都特别漂亮，我很喜欢，当然你们第一张脸长得也不错。读到这里的时候，这个故事我们就都明白了，谁来告诉我们，滥竽充数什么意思？

学生：我认为是干一件事情……

老师：不是干一件事情，这篇课文滥竽充数指的是……

学生：我觉得这篇课文滥竽充数指的是南郭先生不会吹竽，但是也混进了吹竽的队伍。

老师：嗯，你说得很准确，你这样说是对的，这是成语的本意，它还有寓意，什么是寓意呢？不仅是不会吹竽的，比如不会读书的混在会读书的里边，也叫滥竽充数，你再像老师这样举一个例子，比如，你说一说。

学生：我想说一下这个故事告诉我们的道理。

老师：你先说吧。

学生：我觉得这个故事告诉我们，不要像这个南郭先生一样，浑水摸鱼，滥竽充数，这样的话永远会被人揭穿的。

老师：你告诉我们所有不会的人，她一下子全说完了。那个成语不仅指是不会的人，同时也指不会的事、不好的事物，比如不好的文具盒放在好的文具盒里，就叫？

学生：滥竽充数。

老师：你再举个例子。

学生：比如说一个长得不好看的本子和一个好看的本子在一起。

老师：好看的本子和一个不好看的本子，这怎么讲？是什么意思？是坏的本子？

学生：就是坏的本子和好的本子。

老师：嗯，好，除了这个，除了不好的人、不好的事，现在同学们再看一看，还有什么意思？上课这么长时间，你有什么要夸我的吗？

学生：老师，其实我觉得你是一个合格的友人。

老师：哦，真把我当朋友了，还有，你说。

学生：老师，我觉得你是有真才实学的人，不是虚伪骗人的人，要不肯定不会到今天的。

老师：你中午吃的什么？为什么嘴巴这么甜？（笑声）其实啊，我只是滥竽充数而已，你认为这里的“滥竽充数”是什么意思？

学生：我觉得滥竽充数应该就是一个不符合……

老师：听话听声，锣鼓听音，你坐！（指另一个同学）你明白了吗？

学生：我觉得是一个没有真才实学的人混在一个学习很好的人群里。

老师：你是说我没有真才实学吗？我刚才说我是滥竽充数啊，你听出来了，你说。

学生：贪婪和欲望交织成一个导火索，导致人内心的一种贪婪和对名的渴望，在那些有真才实学人的队伍中，做出一些让人无法理解的事情。（掌声，

笑声）

老师：你是说我吗？是不是说我？

学生：我说是南郭先生，我很鄙视这种小人，老师，您恰巧相反。

老师：幸亏我多问了一句，要是不多问，我马上就要从这里跑了，夹着尾巴逃走了。（笑声）你看，成语的寓意随着历史的演变它也在发生着变化，所以我们还要跟上时代的步伐，不断学习。那我们学习还要刨根问底，寻根究源，这个成语到底是从哪里来的，为什么2000多年后的我们还能读到呢？你知道吗？这下知道了，听清楚了吗？

学生：我觉得“滥竽充数”这个词给我们人类的启发非常大，所以才流传到今天。

老师：有道理，从哪里来的呢？问题太难，是不是？

学生：我觉得是那个《史记》记载的。

老师：《史记》里记载的，谁帮他说？

学生：我记得好像是在《韩非子》里边记载的。

老师：你这也知道啊？哦，阅读材料上有，好，我们一起去看一看。请同学们伴着音乐，借助拼音，好好地读一读、品一品。（学生自己练读）好，现在听我读，然后跟你读的对比一下，如果有错的改正。好，齐宣王使人吹竽，必三百人，南郭处士请为王吹竽，宣王说之，廪食以数百人。宣王死，湣王立，好一一听之，处士逃。（学生再练读）像我这样，放声地读一读！（指名读）

学生：齐宣王使人吹竽，必三百人，南郭处士请为王吹竽，宣王说之，廪食以数百人。宣王死，湣王立，好一一听之，处（chù）士逃。

老师：处（chǔ）士逃。如果你这个字不读错了，你就是我老师了，你比我读得好，把掌声给她。

学生：（鼓掌）

老师：这就是《韩非子》，不仅滥竽充数，而且还有很多耳熟能详的成语也是出自于它，你来读一读。

学生：（开火车读）守株待兔、自相矛盾、老马识途、如虎添翼、买椟还珠。

老师：一鸣惊人后面呢？

学生：没有了。

老师：没有了，后面，一鸣惊人后面？

学生：守株待兔。

老师：不是，一鸣惊人后面？谁看到一鸣惊人后面有什么？你说。

学生：省略号。

老师：这里不叫省略号，用汉字，叫什么？你说。

学生：叫等等。

老师：这最为关键，不能丢，这是一种特殊的语言。好，再看，这是我国第一部经书《山海经》，看看它里边的成语，我们从这边再读一读，来！

学生：（开火车读）开天辟地、夸父逐日、女娲补天、嫦娥奔月、大禹治水、精卫填海，等等。

老师：这才对啊，这等等最重要了。好，我们接着再来，这是我国儒学经典《论语》，你再读一读它里边的成语。

学生：温故知新、不耻下问、学而不厌、举一反三、循序渐进、欲速不达，等等。

老师：从等等里边你看出了什么，发现了什么问题？

学生：我国的文化经典不止这些，还有许多的成语在等待我们去发现。

老师：你真会发现，是的，很多成语都来源于经典，并且浓缩了经典的精华，我们学习成语其实就在干什么？品味经典，成语也是我们中华民族文化宝库当中的重要一章，希望同学们能以成语为友，能以经典为友，也能以俊友为友，行不行？

学生：行。

老师：你愿意吗？

学生：愿意。

老师：愿意什么？

学生：与俊友为友。（笑声）

老师：我也愿意与你为友，好，这节课到这里的时候，我们应该布置作业了吧？是不是？

学生：是。

老师：好，你们猜猜俊友老师给你们留什么作业？自己想一想，自己特别喜欢做的，而且能够完成的，谁要能猜到，我今天在这个台上就拜他为师。

学生：我觉得是阅读更多的经典。

学生：老师我认为这堂课你上得就如春色满园关不住，一枝红杏出墙来。（掌声，笑声）

老师：比喻不恰当，我是黑杏还差不多，哪有红杏啊？（笑声）谢谢！这样吧，我宣布我的作业，看你有没有猜中，我郑重宣布我的作业就是没有，因为你们都给自己布置作业了，我怎么忍心再增加你们的负担呢？好，这节课到这里，我们该下课了，跟朋友们说声再见，同学们下课！

学生：起立！老师再见！

老师：同学们再见！

小学英语

教研组

小学英语教研组

小学英语教研组研讨课堂模式

小学英语教研组简介

小学英语教研组是一个充满朝气与活力，具有开拓进取和团结互助精神的学科组。本组由14名英语教师组成，平均年龄不超过30岁。整个教研组以务实求新的精神对待教学工作，在工作中充分发扬团结互助的团队精神，大力推进以培养“学生创新精神和实践能力”为重点的素质教育，努力探求出一条科学、低负、高效的教育教学新路。挑战自我，超越自我，博采众长和开拓创新是我们小学英语教研组老师的教学风格；为学生创造一个“乐学、勤学和博学”的氛围是我们教研组老师的教学特色；培养自主学习、有创新意识的学生是我们英语教研组老师的终身任务。WPS教学模式是在我们全体成员根据我们日常常用的教学方式反复讨论并结合我校现有学生的特点取其精华，去其糟粕共同开发出来的，并在课堂教学中具体实施，初步达到了预期的效果。我们团队今后将在教学实践中继续努力学习新的教学理念，为更多课型的教学模式开发打下坚实的基础。

“WPS”课堂教学模式

“WPS”教学模式是以提高学生的综合素养为宗旨，培养学生的创新精神和实践能力为最终目标，探索一种以主动参与、经历过程、协同合作、发展个性为主要特征的课堂教学模式。该模式是以人为本，以发展学生个性为主旨，更好地发挥学生在学习过程中的积极性和主动性。该教学模式让学生有充分的思维空间，让每个学生的个性得到最大的发展。教师应努力营造合作的氛围，让学生在一个合作的集体中，互相学习，互相沟通，互相帮助，团结协作，共同探究，在学习中提高学生各方面的能力。

一、“WPS”的含义

W：Warm-up

P：Presentation、Practice、Production

S：Summary

行知学校学情分析：

我校系九年一贯制学校，现每个年级均开设了英语课程，一二年级使用的是清华英语教材，三至六年级使用的是人教版教材。年级跨度大，各年级教学方式也都不尽相同，因此统一一种教学模式是非常有必要的。

二、遵循的原则

其一：第二语言习得理论。

第二语言习得的主要倡导人克拉申认为，简单来说，语言的掌握，无论是第一语言还是第二语言，都是在“可理解的”真实语句发生（即有效的声音，也就是可以懂意思的外语）下实现的；都是在放松的、不反感的条件下接受的；它不需要“有意识地”学习、训练和使用语法知识；它不能一夜速成，开始时会比较慢，说的能力比听的能力实现得晚。所以最好的方法就是针对以上语言实现的特点来设计。

其二：小学英语教学与多元智能理论。

传统上，教师对学生的评价只有一个模式或标准，即主要局限于对语言智能和数理逻辑智能的评价。这种评价具有很大的片面性和局限性。它使得一部分在这两项智能上表现不好的学生失去了学习的兴趣和自信，认为自己不是读书的料。而根据多元智能理论，每个人至少存在七项智能，七项智能的不同组合使得每一个人的智能结构各具特点。而且即使是同一种智能，具体到每一个人其表现形式也是多种多样的。因此，评价受教育者不能用传统的标准和模式。教师应增加评价的尺子，应多种渠道、多种方式对学生进行评价，使得每个学生都能通过适合其智能特点和学习方式的途径展现出自己的知识和能力。尊重学生人格，扬长避短，帮助孩子形成理想、增强自信、鼓励进取心，而教师则借机引导学生在其强项智能与弱项智能之间架起桥梁。

其三：自主、合作学习原则。

自主、合作学习就是让每一个学生都能积极主动地参与教学，真正地成为学习的主人。课堂上教师要尽量放手让学生自主合作学习，学生会的问题，教师不要讲，学生通过思考能够解决的问题，教师不要点拨，学生不会的问题可先在小组内讨论解决，小组内解决不了的问题再由教师引导解决。要提高课堂的实效性和高效性，采用“快投入”“频活动”“小坡度”“勤反馈”“多矫正”等方法，为不同层次、不同性格的学生提供更多地参与面和参与量，让每个学生都拥有多种尝试、选择、发现、发展的条件和机会。让他们多读、多思、多说、多听，实现耳、眼、口、手、脑“全频道接收”，“多功能”协调，“立体式”渗透。

自主、合作学习以小组活动为主要教学活动形式，要合理分组，教师可采用“差异组合式”“前后式”“男女搭配式”“自由搭配式”等多种方法，把班级学生分成若干个小组，采用小组协作、互相交流、讨论分析等多种形式组织进一步的探究学习，使学生在自主探究、合作交流中经历、体验知识的学习过程。在这个过程中，教师要完全处于一种参与者、引导者、组织者的地位，教师参与小组学习，让学生变“被动”为“主动”，在小组内沟通、互动、交流，让优等生帮助中等生“拔高”学习和后进生“达标”学习，密切学生之间的关系，体验学习成功的快乐，激发学习的积极性。

其四：情景—交际性原则。

情景—交际教学法就是教师在教学过程中充分利用多种教学手段，精心设置一种形象和自然的语言交际的场景，使学生身临其境，激起学生的学习热情。在教学中教师要尽量为学生创设英语交际的语境，可使用实物、动作、图片、幻灯、录音、录像、表演以及师生会话、歌曲、游戏、比赛等手段进行，形象直观、生动活泼的情景，有助于学生理解所学英语，提高学生运用英语进行交际的能力。

其五：激励评价原则。

为提高学生的合作意识、激励学生不断提高小组合作活动的水平，要加强激励评价。及时反馈、评价激励对小组合作学习起着导向与促进作用，及时的反馈，有利于让各个合作小组充分展示成果。激励评价要贯穿教学的始终，教学中可以经常评比最佳小组，或以推出“小组发言人”、轮流当“小组长”的形式，激励所有成员主动承担责任，使小组内出现互动、互助、互勉、互进的局面，强化学生的合作意识，全面提升学生的整体素质。

三、具体指导思想

其一：在教学总体目标上要重兴趣、重成就感、重自信心，在教学目标上体现兴趣第一的教学理念。

（1）采用适合小学生年龄特点的活动，激发其学习兴趣。

（2）从贴近小学生的学习和生活经验入手，调动其学习的积极性。

（3）利用多种形式激发学生的学习动力。

我们在低年级段教学中就普遍使用“表扬信”，如进步表扬信、读书表扬信、书写表扬信等，收集到一定数量还可以换取相应的奖品。在“一起作业”这个平台上，我们通过布置作业，孩子们在游戏的情景中能够快乐地完成任务，按时完成任务的学生，能够得到学豆的奖励。学豆也可用于兑换文具，受到所有孩子的欢迎。

（4）运用多种媒体手段创设真实、生动、活泼的语言情景，激发学生的思维。

其二：在课程实施上要重语言环境、重频率、重效率。

（1）语言环境的创设。

（2）开课的频率。

（3）教学活动的有效性。

其三：在教学模式与方法上要重体验、重实践、重参与、重创造。

语言学习的过程是学生对语言材料理解、感悟、体验、内化和应用的过程。

其四：在语言教学的目标上要重语感、重语音语调基础、重交流能力。

多播放标准地道的英语录音。我们采用英语点读设备进行英语晨读，还利用“一起作业”这个平台对孩子的听力和口语进行检测，并及时反馈和纠正孩子的发音、重音、语调和节奏。

其五：在教学评价上要重态度、重参与、重努力程度、重交流能力。

其六：在课堂教学上重教师角色的转变，重学生的主体地位。

四、教案设计的原则

其一：以学生为主体的原则。

教师要把教学活动设计成驱动学生主动学习的任务。

① 学习目标更明确（用所学语言做事，完成任务）。

② 增加语言的实践机会（扩大输入量和输出量）。

③ 提供与同伴的合作机会（收集信息，讨论交流，汇报展示，共享成果）。

④ 激发学生内在的学习动机（任务的驱动，使变“被动接受”为“主动获取”）。

⑤ 提高学习兴趣（选择性强，自由度大，减轻压力，增强自信）。

⑥ 发展学习策略（观察思考，收集整理，归纳总结，自我调控）。

⑦ 培养学生语言的综合运用能力（动手、动脑、动口，创新运用语言）。

其二：体现学生学习过程的原则。

其三：体现认知规律的原则。

其四：体现形成性评价的原则。

其五：体现巧、活、实的原则。

完整的教学方案要做到：

其一：课前设计。

学生主体、学习能力、语言的运用。

其二：课堂中设计。

处理好“预设与生成”的关系，做到“课中反思、以学定教”。

其三：课后设计。

课堂教学的结束是教师“再反思再提升”的开始，流程再造、实践再创。

五、教学流程设计

（一）热身活动（Warm-up）

语言的基本功能是交际。英语作为一门语言，学习的最终目的是让学生学会语言，并能够使用语言进行交际。热身活动就是在教学过程中创设生动具体的场景，以促使学生获取技能进行交流。这一环节要求学生用上一节或以前学过的语言材料，创设真实或半真实的语言环境用英语进行交际，其形式可以是角色扮演、介绍、对话问答等，组织2—3个小组，4—6人到讲台上进行表演，时间大约需要5分钟，这既是对前面所学知识的复习巩固，同时又培养了学生运用英语进行交际的能力。

注意事项：

（1）要用和生活密切相关的实际活动来组织教学。因为学习语言不仅是掌握语言形式，更重要的是在实际场合中使用语言，并且使用得当，做到自然、流利，避免机械背诵，从而达到交际的目的。

（2）犯错误是学习过程中的正常现象。在交际中，如果学生出现发音错误，教师不应立即纠正，应鼓励学生大胆地说，不要怕出错，培养学生用英语进行交际的信心。

（3）课堂交际活动应以学生为主体，由他们担任主要角色。教师的责任是选择、组织和促进交际活动的顺利开展。

（4）在活动过程中教师要对学生的活动进行有效的评价。

（二）新课呈现（Presentation）

第一步：情景导入

①直接导入；②游戏导入；③情境导入；④多媒体教学；⑤故事导入；⑥歌曲导入；⑦悬念导入；⑧对比导入。

设计好“导入”这一教学环节，是优化课堂教学、提高教学效率、培养学生兴趣、启发思维的关键所在，只有设计得当，接下来的教学环节才能得以顺利实施，英语教学的目的才能如期达到。

在导入环节，我们将每节课所学单词进行初步的认知、小集中、快循环为学习新知做铺垫，扫除词汇障碍。将每节课所学的单词分为1-2组来学习，根据每节课的词汇量的多少来定，每组以3-5单词为宜，单词分组原则可根据词性、类别和在单词表中的前后顺序等来分，可根据实际情况而定。

主要步骤：

（1）听录音，集体跟读。每个单词读两遍，教师可适当示范，教师再出示大单词卡让学生集体跟读（看着英语读一遍，再看着汉语读说英语一遍）。

（2）小组读。小组可采用两人小组或四人小组，最好是两人小组，一个学生出示小单词卡，另一名学生读（看着英语读一遍，再看着汉语读说英语一遍），然后再交换读，形式一样。

（3）小组展示。抽2–3个小组把在小组中学习的情况到讲台上进行展示。

注意事项：

（1）要让学生听录音跟读，模仿正确的语音语调。

（2）单词学习尽量以学生自学为主，但在遇到学生读音不准的情况下，要及时进行纠正。

（3）单词学习要合理分组，不要贪多，每组单词最多不超过5个，以适合学生的接受能力为宜。

第二步：新知呈现

知识的呈现是学生对所学知识的认知、感知的阶段，新的知识信息进入学生的短时记忆，激活了长时记忆，建构起新的语言意义。教师通过录音、实物、图片、画、卡片、体态语言、动作与口语相结合的方法，帮助学生感知、认知单词、短语、对话，在视觉感知实物或图片的同时，听觉感知词、词语、对话的音调、结构、语句。教师用直观的手法展示新知识，学生也直观地感知新的语言材料并从中获得操作的模式，这是活动的定向阶段，是智力活动的准备阶段，学生再从中了解活动的内容，知道做什么和怎么做，在其头脑中构成活动本身和结果的表象。

主要步骤：

（1）呈现重点句型：在集中识词的基础上，教师可借助教具创设适合呈现语言知识的恰当的语境，呈现句型，让学生认读句子，初步理解感知句型。

（2）构建知识体系：将呈现的重点内容归纳整理为对话、问答和情景介绍等形式。

注意事项：

（1）句型的呈现要简单、简明扼要，突出重点内容。

（2）句型的呈现要在一定的情景中，体现语言的交际性原则。

（3）句型的呈现形式要灵活多样、欢快、有趣。

设计形式：

（1）看图或课件听力理解活动。

（2）带着问题观看课件，VCD或DVD活动。

（3）玩偶表演活动。

（4）画简笔画、看图讲故事活动。

（5）设计情景师生对话活动。

（三）模仿操练（Practice）

模仿操练过程包括机械操练和意义操练。模仿练习是在知识呈现的基础上，在学生对新的语言材料认知、感知的基础上，将外部物质活动进行内化，通过大量的机械模仿练习，把所学知识与该知识运用结合起来。机械操练主要练习的是词汇，意义操练主要是练习句型，让学生在语境的基础上形成简单的情境。

（1）教师示范：新知呈现后，应让学生进行模拟操练，教师先提出要求，进行示范。

（2）小组练习：前后左右4人为一个小组，交替练习。

（3）小组展示: 抽2–3个小组就小组中学习的情况到讲台上进行展示。

注意事项：

（1）教师对学生在小组中的学习活动进行有效指导，参与小组活动，或对疑难问题进行点拨。

（2）模仿操练要尽量创设语言环境，借助教具或用TPR教学法模拟情景进行练习。

（四）拓展运用（Production）

拓展应用是在模仿操练的基础上进一步放松控制，让学生综合应用所学知识，把单项的语言技能提高，以达到用英语进行交流信息的能力。

1. 看图认知

让学生看课文，就学习的新知和课文内容进行照应，进一步理解认知，有不明白的地方划出来，先在小组内讨论解决，实在解决不了的请教师帮助解答。

2. 读译展示

小组成员把看图学习的内容翻译成汉语，分工进行展示，班内其他同学对有疑惑的问题可进行质疑和补充。

3. 听音跟读

在理解的基础上，让学生听录音跟读。

4. 角色扮演

在学生熟读的基础上，小组内进行分角色朗读，然后再上台展示。

注意事项：

（1）对在新知呈现环节中没有做重点强调的次重点知识点，要进行必要的点拨。

（2）对课文内容的处理要根据每课的具体内容，采取不同的方法。

（五）总结、复习（Summary）

课程结束后，注意让学生及时总结今天学到了什么，在生活中能否正确应用。教师也可以在这个阶段进行与本课内容相关的情感教育。

六、注意问题

1. 关注学生，全人教育

关注学生就是关注学生全人发展，不仅要关注语言，更要关注学习兴趣、情感和价值观；要面向全体，兼顾两头。教师要树立面向全体学生，把精力放在全班的集体教学上的观念。

2. 关注学习过程

（1）关注学生的学习体验，学生如何学，是否有学生参与、交流、合作等。教师要注意调节课堂节奏，使其符合学生心理特点。

（2）教学和训练要有广度、密度和深度，但也要适度。

3. 关注教学设计

要关注教学目标，即用什么语言在什么情景下、做什么事情，拿到教材要首先确定目标，每项活动设计都要与目标有关系，活动与活动之间的目标要明确，要注重衔接。教学情境的创设不要过于复杂，要注重教学时间的分配。要考虑学生的学习方式，让学生用什么样的活动才能达到目标，去实践、参与、体验，不能孤立地进行活动安排。

4. 关注教学实效

学生通过体验、实践、参与、合作和交流的学习活动，改进自身的学习方式，从而成为课堂的主人。

文 昀

文昀，本科学历，小学高级教师。小学英语学科教研组长。勤奋不息、爱岗敬业，用甘于清贫、无私奉献的道德水准来要求自己。以精益求精的工作作风，任劳任怨的工作态度和极度的热忱投入到教书育人的工作中，全心全意做好教育教学工作。先后获得“全国小学英语教师技能大赛优胜奖”“区校本教研先进个人”等荣誉称号。多篇论文在省、市、区评比中获奖，教案《On the farm》获得省级一等奖。

教育感言：学生的快乐是我最大的快乐，让学生都爱学英语。

Unit 4　At the farm Part B Let's learn

【教学目标】

1. 知识目标

学生能够听、说、认读单词：horse，cow，hen，sheep 及其复数形式。

学生能运用句型Are these...? Yes，they are. / No，they aren't. 讨论农场动物。

2. 能力目标

学生能够运用所学单词和句型描述动物。

学生自主设计自己的农场，培养自身的发散思维。

3. 情感目标

学生能够体会动物对人类的重要性，懂得保护动物人人有责。

【教学重难点】

1. 重　点

学生能够听、说、认读单词：horse，cow，hen，sheep 及其复数形式。

学生能运用句型Are these...? Yes，they are. / No，they aren't. 讨论农场动物。

2. 难　点

sheep的复数仍然是sheep。

【教具】

单词卡片、小组竞赛磁铁、课件、农场图片。

【教学方法】

WPS教学法。

【教学过程】

Step I　Warm-up

1. Greeting

2. Lead-in

It's sunny today. Teacher and students go to Old Macdonald's farm.

3. Review

Review the words and sentences "carrots, green beans, tomatoes, potatoes".

"What are these/ those? They are ______. They are ______.

Step II Presentation

Teacher presents three tasks for students to help Old Macdonald at the farm.

Task 1: meeting animals

Riddle: I am black and white. You can get milk from me.

Lead into the new word "cow".

A. Show a picture of a cow. Then show more cows and let students count together.

B. Present the plural form "cows".

C. Teacher asks students "What are these/those?" and let them describe the cows. "They are..."

Show the picture of eggs. Let the students guess "Where are they from?"

Lead into the word "hen".

A. Show a picture of a hen. Then show more hens and let students count together.

B. Present the plural form "hens".

C. Teacher asks students "What are these/those?" and let them describe the hens. "They are..."

Listen to the voice and let the students guess.

Lead into the word "horse".

A. Show a picture of a horse. Then show more horses and let students count together.

B. Present the plural form "horses".

C. Teacher asks students "What are these/those?" and let them describe the horses. "They are..."

D. Show the picture of donkeys behind the tree and let the students guess.

"Are these horses?" "No, they aren't. They are donkeys."

Show the four legs of a sheep and let the students guess what animal it is.

A. Show a picture of a sheep. It's a sheep.

B. Show the second sheep and let students count. "two sheeps ×" "two sheep√"

C. Show more sheep and let students count "three sheep, four sheep, five sheep...".

D. Show the picture of a mother sheep and a father sheep. They have a baby called “lamb”.

E.“Are these sheep? ”“No, they aren’t. They are goats.”

Step III Practice

1. Chant

Cow, cow, these are cows.

Hen, hen, these are hens.

Horse, horse, these are horses.

Sheep, sheep, these are sheep.

2. Play a game

Show the animals covered by a picture and let students guess the animals.

“Are these...?” “Yes, they are./ No, they aren’t.”

3. Task 2: Farm Open Day. Be a guide to introduce the animals at the farm.

Pair-work: A: What are these?

B: These are ______. They are ______.

A: Are these ______?

B: Yes, they are./ No, they aren’t.

Step IV Production

Group-work: Task 3: Design your dream farm.

This is our farm. It’s ______ (nice/beautiful/big/small).

These are ______. They are ______.

These are ______. They are ______.

Those are ______. They are ______.

Welcome to our farm!

Step V Summary

1. Emotional education

We should love animals and care about others!

2. Homework

Do homework on 17 zuoye.com.

Talk about your ideal farm with your friends.

板书设计

Unit 4 At the farm

Part B Let's learn

cow — Are these/those ______?

hen — Yes, they are./ No, they aren't.

horse

sheep

陈漫丽

陈漫丽，本科学历，英语专业八级，从教三年。先后获得“全国青年教师课堂教学大赛特等奖”“合肥市中小学微课评比二等奖”，辅导学生参加“瑶海区小学生英语电影配音比赛”获二等奖。爱岗敬业、教学认真负责、勤奋好学、关心学生、因材施教。在平时的教学中，注重师生互动和情景导入，设计丰富有趣的课堂活动，培养了学生的学习兴趣。

教育感言：我爱英语，更要让学生快乐地学习英语！

PEP Book 7 Unit 2 Ways to go to school

Part A Let's learn

【教学目标】

1. 知识目标

（1）学生能够听、说、读、写词组：by train, by subway, by bus, by taxi, by bike, by ship, on foot.

（2）学生能够询问和回答“How do you get to... from ...? I get to...from ... by...”谈论交通方式。

2. 能力目标

（1）学生能够用英语向别人询问怎样从一个地点到达另一个地点，也能做出回答，即阐述该选择什么样的交通工具和原因。

（2）学生能够根据实际选择适当的方式外出。

（3）学生的交流合作能力得到提升。

3. 情感目标

（1）学生能够对中外交通工具有初步的了解，对交通工具的特点有进一步的了解。

（2）学生能够选择绿色健康、环保的交通方式外出，学生的环保意识会得到加强。

【教学重难点】

1. 教学重点

（1）学生能够听、说、读、写词组：by train, by subway, by bus, by taxi, by bike, by ship, on foot.

（2）学生能够询问和回答“How do you get to... from ...? I get to...from ... by...”谈论交通方式。

2. 教学难点

（1）一些单词的发音：subway, train, ship.

（2）学生能够询问和回答“How do you get to ... from ...? I get to...from ... by...”谈论交通方式。

【教学工具】

单词卡片、教学材料、竞争磁铁、PPT、奖品。

【教学方法】

WPS教学法。

【教学过程】

Step I　Warm-up（热身活动）

The teacher greets students.

“What’s your name? How are you? Nice to meet you!”

Divide students into four groups: bus, ship, plane, train. Let students have a competition.

（设计意图：热身活动，老师与学生相互问候，拉近师生距离，营造良好的课堂氛围。用本节课的交通工具给学生分组，调动学生参与课堂的积极性。）

Step II　Presentation（新课呈现）

1. Lead-in（情境导入）

Brain-storming:

Teacher lets students guess how does she come here.

Present some pictures and phrases: fly，go through the door，take a map，by rocket.

（设计意图：问题导入中，老师让学生猜自己今天是怎样来到这里的，启发学生思考，出示有趣的交通工具图片，激发学生的兴趣。）

2. Presentation（新知呈现）

（1）by car

Teacher presents the distance between her home and her school and let students guess how does she get to school from her home. The teacher does actions. Lead in “by car”.

T: “Usually, I get to school from my home by car.”

（2）by bus

T: “Sometimes, I get to school from my home by bus.”

Present the pictures: school bus, double-decker, take a bus.

（3）by taxi

Let students guess how does the teacher get here from her school.

T: "It takes me 15 yuan." Ss: "by taxi".

T: "I get here from my school by taxi."

（4）by bike

T: "On the weekend, I often get to Xiao Yao Jin park from my school. Guess how do I get there?"

The teacher does actions. Ss: "by bike."

Present the pictures of yellow bikes around Hefei city. Encourage students to choose a green way to get out and do not destroy bikes deliberately.

（5）on foot

T: "Xiao Yao Jin park is across from the Huanhe Road shopping street. Guess how do I get to the shopping street from the park?"

Lead in "on foot".

（设计意图：联系实际生活，出示实际地图，标出自己家与学校的位置，学校与公园的距离，学校与步行街的位置，让学生猜老师乘坐了什么交通工具，启发学生思考，让学生对这些交通工具的特点有更深刻的理解。联系实际更能帮助学生理解。）

（6）by train

T: "This summer vacation, I have a travel plan."

Present the pictures of beautiful sceneries in Shanghai, Taiwan, Kunming.

Show the travel plan map and let students guess how to get to Shanghai from Hefei. Listen to the voice of train and guess. Lead in "by train".

（7）by subway

Let students guess how to get to the Disneyland from Shanghai railway station. Lead in "by subway".

Present the pictures: The subway is fast and crowded.

Introduce the No. 1 subway in Hefei city now. Show the line.

（8）by ship，by plane

Let students observe the map and the position of two places and guess how to get to Taiwan from Shanghai. Lead in "by ship" "by plane". Show the picture of a boat.

Two ways are all right. Plane is faster than the ship. So we should choose a proper way to go out.

Let students know safety protections when taking a ship or a plane.

T："When we take a plane, we should fasten our safety belt and turn off the cellphone. When we take a ship, we should wear a life jacket."

（设计意图：教师通过展现暑期旅游计划，让学生观察地图并猜测该乘坐什么交通工具，激发其学习兴趣，提高其课堂参与度，为后面小组合作学习打下基础。）

Step III Practice（模仿操练）

（1）Game: What's missing?

The teacher takes away one or two word cards quickly and let students guess.

（2）Play a game: Lucky number

Let students choose a lucky number. There is a place under each card.

Teacher asks "How do you get to ...?"

The student answers "I get to ... by..."

（3）Pair-work: Write and say

S1: How do you get to... from...?

S2: By...

（设计意图：游戏活动更能吸引学生的注意力，激发学生的学习兴趣，能够巩固所学单词和句型。）

Step IV Production（拓展运用）

Four students in a group and make their own travel plan.

A travel plan

We want to get to ___ from ___.

First, we get to ___ from ___.

Second, we get to ___ from ___.

Finally, we get to ___ from ___.

We really enjoy our trip!

（设计意图：熟练操练所学单词和句型后，看中国地图，4人为一组制订旅行计划，并选择所乘交通工具，将所学知识运用到实际生活中，学以致用。）

Step V Summary（总结复习）

1. 总结复习本课所学词组和句型：by train, by subway, by bus, by taxi, by bike, by ship, on foot.

2. Emotional Education

Show the pictures on the screen and let students know more and more pollution is caused by cars. Students will be able to understand how to protect our environment: Choosing a green and healthy traffic way .

（设计意图：通过展现“World Car Free Day”呼吁学生选择绿色健康、环保的交通方式外出，使学生的环保意识得到加强。）

3. Homework

（1）Follow the tape and read the phrases and sentences for three times.

（2）Talk about the ways to come or go to some places with your friends.

4. Blackboard Design

Unit 2　Ways to go to school

Part A Let’s learn

by train　　— How do you get to ___ from ___?

by subway　　— I get to ___ from ___ by ___.

by bus

by taxi

by ship

by plane

on foot

5. Teaching Reflection

PEP Book 7 Unit 2　Ways to go to school

Part A Let's learn

教学过程：

Step I　Warm-up（热身活动）

Teacher greets students.

T: "What's your name?"

S1: "My name is Angel."

T: "How are you?"

S1: "I'm very well. And you?"

T: "I'm fine. Thanks! Nice to meet you!"

S1: "Nice to meet you too!"

T: "What's your name?"

S2: "My name is Jack."

T: "Do you like sports?"

S2: "Yes, I do."

T: "Which sport do you like?"

S2: "I like ping-pong."

T: "Wow, me too! Nice to meet you!"

S2: "Nice to meet you, too!"

T: "OK, boys and girls. Today I am your new English teacher. Do you want to know more about me？"

Ss: "Yes!"

T: "Today we have four groups: plane, bus, ship, train. Answer my questions and one step for your group. Let's see who is the winner, OK?"

Ss: "OK!"

Step II　Presentation（新课呈现）

1. Lead-in

Brain-storming:

T: “My name is Helen. I’m from Hefei. I am an English teacher.Today I come to school very early. Can you guess how do I come to school this morning?”

S1: “Walk to school?”

T: “Wow, good guess.”

S2: “By car?”

T: “Em, maybe.”

T: “Now let’s see!”

Present some pictures and phrases: fly, go through the door, take a map, by rocket.

Ss: “Wow! Cool!”

T: “I’m kidding. I wish I have these special talents. Do you want these special ways to come to school?”

Ss: “Yes!”

T: “OK, this class, we are going to talk about some ways to go to school. Are you ready for the class?”

Ss: “Yes!”

2. Presentation

（1）by car

T: “Look， the school is far from my home. Can you guess how do I get to school from my home?”

S1: “开车。”

S2: “乘公交车。”

S3: “打车。”

T: “Good guesses.Look at me. I usually get to school from my home by car. OK, read after me, by car.”

T: “Wow, can you read the sentence?”

S1: “Yeah. I usually get to school from my home by car.”

T: “Good job. All of the students read after him.”

Ss: “I usually get to school from my home by car.”

T: "Wonderful! One step for you. Any other students?"

S2: "I usually get to school from my home by car."

T: "Great. One step for Group Ship."

（2）by bus

T: "But sometimes, I get to school from my home by ...?" (Students listen to the whistling of the bus.)

S1: "By bus."

T: "Excellent. One step for you."

T: "OK, read after me, by bus."

Ss: "By bus."

T: "OK, Group Bus, read one by one. Good job, one step for your group."

T: "Who is same with me?"

S1: "Sometimes I get to school by bus."

S2:"I usually get to school by bus."

T: "Look, this is a school bus in America. It's yellow. Students often take a bus to school."

T: "This is a double-decker in England. We can see that on the street in England."

（3）by taxi

T: "Boys and girls, sometimes it takes me 25 yuan to come to school."

Ss: "乘出租车。"

T: "Yes, you are so clever. Sometimes, I get here from my home by taxi. Read after me, by taxi."

Ss: "By taxi."

T: "Read the sentence."

Group Bus: "Sometimes I get to school by taxi."

Group Train: "Sometimes I get to school by taxi."

T: "Excellent. One step for your group."

（4）by bike

T: "On the weekend, I often get to Xiao Yao Jin park from my school. Guess how do I get there?"

The teacher does actions. Ss: "by bike."

T: "Do you often ride a bike to a place?"

S1: “Yes, I often get to the park by bike.”

S2: “I often get to the bookstore by bike.”

T: “Wonderful! That’s a green way and also good exercise. One step for your group.”

T: “Look， now there are more and more yellow bikes around our city. Someone destroys them deliberately. That’s a bad behavior. This is our public traffic way. Let’s protect them, OK?”

Ss: “OK!”

（5）on foot

T: “I like shopping. Look, Xiao Yao Jin park is across from the Huaihe Road Shopping Street. Guess how do I get there from the park?”

Ss: “步行。”

T: “Yes, I get to the shopping street from the park on foot. Follow me, on foot.”

T: “We can also say: I walk to the shopping street from the park.”

T: “Do you often go somewhere on foot?”

S1: “Yes. I get to the supermarket from my home on foot.”

S2: “I get to the cinema from my home on foot.”

T: “That’s good exercise.”

（6）by train

T: “This summer vacation, I have a travel plan.”

T: “Let’s look at my travel plan map. How do we get to Shanghai from Hefei?”

Listen to the whistling of train and guess.

Ss: “火车。”

T: “Yes, read after me, by train. Who can say this sentence?”

Ss: “I get to Shanghai from Hefei by train.”

Ss: “I get to ...by train.”

T: “You did a good job! One step for your group.”

（7）by subway

T: “Do you like Disneyland? How do we get there from Shanghai Station?”

T: “It looks like a train but walks underground.”

Ss: “地铁。”

T: “Yes, read after me, by subway.”

Present the pictures, T: “The subway is fast and crowded.”

T: “Do you take the subway in Hefei?”

S1: “Yes, I get to school from my home by subway.”

（8）by ship, by plane

T: “Look at the map. How do we get to Taiwan from Shanghai?”

S1: “乘船。”

S2: “乘飞机。”

T:“Yes, you are all right. Read after me, by ship, by plane.”

Ss: “We get to Taiwan from Shanghai by ship.”

Ss: “We get to Taiwan from Shanghai by plane.”

T: “Good job. Plane is faster than ship, right?”

Ss: “Yes!”

T: “So we should choose a proper way to go out.”

S1: “Yes, I get to Xi’an by plane.”

S2: “I get to Sanya from Hefei by plane.”

T: “When we take a plane, we should know that ‘fasten your safety belt. Turn off the cellphone’. When we take a ship, we should wear a life jacket.”

Ss: “Yes!”

Step III Practice（模仿操练）

① What’s missing?

The teacher takes away one or two words cards quickly and let students guess.

T: Look at the blackboard. Read the words together. What’s missing?

S1: “By plane.”

S2: “By subway.”

S3: “By ship.”

S4: “On foot.”

T: “You did a good job. One step for your group.”

② Play a game: Lucky number

T: “Choose a lucky number. There is a place under each card.”

S1: “Number 3.”

T: “How do you get to the cinema?”

S1: “I get to the cinema by bike.”

S2: "Number 9."

S3: "How do you get to the restaurant?"

S2: "I get to the restaurant by taxi."

T: "Excellent. One step for your group."

③ Pair-work: Write and say

S1: "How do you get to the USA from China?"

S2: "By plane."

S3: "How do you get to your home from your school?"

S4: "By subway."

T: "Great. One step for your group."

Step IV Production（拓展运用）

T: "Four students in a group and make your own travel plan like this."

A travel plan

We want to get to ___ from ___.

First, we get to ___ from ___.

Second, we get to ___ from ___.

Finally, we get to ___ from ___.

We really enjoy our trip!

Group 1:

S1: "We have a travel plan. First, we get to Sanya from Hefei by plane. It's fast."

S2: "Second, we get to Guilin from Sanya by plane. Then we get to Hangzhou from Guilin by train."

S3: "Fourth, we get to Shanghai from Hangzhou by car. "

S4:"Finally we get back to Hefei from Shanghai by train."

S1、2、3、4: "We really enjoy our trip!"

Group 2:

S1: "We have an interesting plan. First, we get to Qingdao from Hefei by train."

S2: "Second, we get to Korea from Qingdao by ship."

S3: "Finally we get to Hefei from Korea by plane."

S4: "We really like our travel plan! We are so happy!"

T: "I like your travel plan. It's exciting! I want to go with you, too. Excellent! Two steps for your group."

Step V　Summary（总结复习）

T: "Look at the blackboard, what we have learnt today?"

Ss: "By train, by subway, by bus, by taxi, by bike, by ship, on foot."

Ss: "How do you get to Shanghai from Hefei? I get to Shanghai from Hefei by train."

Emotional Education

T: "Look at the pictures on the screen. There are more and more cars in our city. So more and more pollution is caused by cars. Choosing a green and healthy traffic way helps to reduce pollution. Let's protect our environment. OK?"

Ss: "OK!"

Homework

T: "Today's homework is

① Follow the tape and read the phrases and sentences for three times.

② Talk about the ways to come or go to some places with your friends."

T: "OK, today's winner is Group Train. Congratulations!"

T: "Class is over. Goodbye, boys and girls!"

Ss: "Goodbye, Helen!"

王文君

王文君，小学英语教师，曾带过三届毕业班并担任班主任工作，2012年进入合肥行知学校。在进入行知的五年时间里，她在平凡的三尺讲台上，从一个新晋教师成长为对教育教学有一定成熟想法与经验的青年教师。她积极参加校内外的各项教研活动并撰写论文，曾代表学校参加各项基本功比赛，获得瑶海区第六届课堂教学评比一等奖、瑶海区首届中小学英语教师口语风采大赛二等奖、第十一届全国小学信息技术与课程整合优质课大赛二等奖、2015年瑶海区中小学生演讲比赛中优秀指导奖等多个奖项，撰写的论文《四颗糖的承诺》在瑶海区第八届陶研会、教育学会年会论文评比中获得一等奖，所辅导的学生在各项比赛中也获得很多荣誉。

Teaching Plan of Unit 2　My family

Let's talk & Let's learn

I　Analysis of the text:

This lesson is chosen from Unit 2 My family of Book 2 in PEP Primary School English. It starts with the review of words "boy" and "girl", then shows the new words "man, woman, father (dad), mother (mom)" and how to use the sentence pattern "Who's that man? He's my father. Who's that woman? She's my mother." This is a topic which is closely related to our real life. Students will be more involved in the situation of real life with talking about it.

II　Analysis of students:

The students in Grade 3 are lively, with poor distraction. They like visual image thinking and show more interest in games, competition and drawing. Students in Xingzhi School learn English for a short time, and some of them cannot speak it fluently. So teachers should praise them more and cultivate their interest in learning English, encourage them to speak, to sing and to do.

III　Teaching Aims:

Knowledge aims:

1. Students should be able to understand and say mother, mum, father, dad.

2. Students should be able to understand and say: "He is my father./She is my mother./This is my friend."

3. Students should be able to talk about their parents with friends.

Ability aims:

1. Students should be able to know how to start a conversation on introduction.

2. Students can develop their listening ability.

3. Students can be aware that it's very important to cooperate within the group.

Emotional aims:

1. Students may be aware of the happiness in a big family.

2. Students' awareness of good co-operation and proper competition can be fostered.

IV Teaching Key Points and Difficult Points:

Key points:

1. Students should be able to understand and say all new words and phrases.

2. Students should be able to understand and introduce others.

Difficult points:

1. Students can pronounce "th" correctly.

2. Students can distinguish the usage of "he" and "she".

V Teaching aids:

Pictures; Flashcards; PPT etc.

VI Teaching method:

WPS Teaching Approach

VII Teaching Procedures:

Step I Warm-up

1. Introduce myself and have a free talk. (Divide the class into two groups—boys and girls. Then give appropriate evaluation in the process of teaching. The evaluation of pasting letters not only can control the whole class, but also can reproduce the letters on a subconscious level.)

2. Sing Chant: He and she together.

Design intention：At the beginning of the class, children's tension can be relieved through the cheerful Chant, make the distance between teachers and students closer. Showing the Personal pronouns in the Chant can review the difficult point of Unit 1 and lay the foundation of teaching this unit.

Step II Presentation

1. Introduce two friends of Miss Wang—Mike and Mary,encourage students to make friends with them, then teach: "He's Mike. He's a boy. She's Mary. She's a girl." Pay attention to the pronunciation of "he and she". Let students to introduce others around them using the sentence "He's a boy. She's a girl."

Design intention: The difference between "he" and "she" is a difficult point in the Unit 1. The children show poor distinction between these two words. So it's still a review, which reduces the difficulty of teaching “man” and “woman”.

2. After introducing their classmates, the teacher shows a picture of a man and a boy; let students distinguish between a boy and a man. (Teach “woman” as the same way.) Then encourage students to describe like this: “He is a.../She is a...”

Design intention: Through the contrast between the old and the new words, students can remember the meaning, sound and form of words well and they can pay more attention to the transfer of related knowledge and learning strategies.

3. Show some pictures of men and women and encourage students to say like this: “He is a.../She is a...”

Design intention: The students in Grade 3 are lively, with poor distraction. Mechanical drills alone will make children feel dull, reducing the learning efficiency, so the competition of matching pictures will arouse their interest, which accords with the psychological characteristics of the students of Grade 3.

4. Show the photos of Yao Ming and Jin Guizi, let students ask and answer like this: “Who’s that man? He’s Yao Ming. Who’s that woman? She’s Jin Guizi.”

5. Show teacher’s family photo. Say: “This is my family. Do you know who they are?” Encourage students to ask, the teacher answers: “He’s my father. She’s my mother.” Then practice the words “father (dad), mother (mom)”. (Pay attention to the usage of “mom” and “dad” in the oral English.)

Design intention: Students can easily learn English in the situation of real life. Because that knowledge is not isolated, students will also be happy to participate in. (Showing the spoken language of parents make children feel the authentic language and culture, and enhance cultural awareness.)

Step III Practice

Task 1. Sentence Practice

1. Show a family photo of one student, ask: “Who’s that man? Who’s that woman?” Let him answer like: “He’s my father. She’s my mother.” Then teach the main sentence pattern naturally.

2. Show your family：Let students show their family photos and talk with their partners. (If they don’t bring the photo, they can try to draw one.)

3. Let’s talk about your family. The teacher collected some students’ family photos first. If it is yours, please come to the front. Others ask and they answer using

the main sentence pattern.

Design intention: For Grade 3 students, they will feel very proud of showing their family members in the discussion in English, which also makes preparations for affective infiltration.

Task 2. Dialog Practice

1. Introduces that Amy is going to visit Chen Jie today,then asks: "Who's that man?" Watch the video. Let's talk together.

2. Watch again and repeat after the video.

3. Role play thc dialog.

Design intention：The overall presentation of the main text can contact the words and sentences together, let the children have an overall perception of language and an experience in using the language in real situations.

Step IV　Production

1. Introduce your friend to Miss Wang.

2. Let's chant. Review the words "man, woman, father, mother," and teach the words "tall, small". (We can use our body language.)

3. Emotional education: Show the public service advertisement FAMILY to guide children love their family.

Design intention: the public service advertisement FAMILY can arouse children's most real emotions in the depths of their heart and enhance their love to the family.

Step V　Summary

1. Make a summary of this lesson.

2. Give congratulations to the winner.

Step VI　Homework

1. Read and role-play the dialog.

2. Introduce your parents to your friends in English after class.

Blackboard Design

Unit 2　My Family　　Let's talk & Let's learn

man　　Who's that man?

woman　　He's my father.

father　　Who's that woman?

mother　　She's my mother.

初中语文

教研组

初中语文教研组

初中语文教研组研讨课堂模式

初中语文教研组简介

嗨！我们大行知的初中语文组是一个30人的大家庭，“团结和谐催人奋进”是我们的名片。“腹有诗书气自华”，我们是一群踏歌而行的人。老者温润如玉，青年激情似火，男儿巍巍如山，女儿柔情似水。课堂上，我们激扬文字，挥斥方遒，执学子之手，在现实和理想之间慢慢地行走，静静地守望。一行行文字，在我们口中幻化成一首诗、一幅画、一团火、一江春水，课堂也就成为了一道道多情的风景。一篇篇文稿，在我们的目光中变幻成神秘的苍穹，让孩子幸福地依傍在三生石畔，周游在心灵的四季。一部部经典铺就朝圣的台阶，一路虔诚一路歌，我们快乐前行。懂得山凌绝顶人为峰的奋进，孩子们便有了花样的年华；懂得水到尽头天作岸的包容，孩子们便有了诗意的青春。永远不会忘记，无论昨天、今天还是明天，我们是带孩子在书中栖居、在文中远游的人，是带孩子追故乡的人，更是带孩子再造故乡的人！

“双核四动”课堂模式

本文从语文能力和语文素养的培养角度，构建了“双核四动”模式，倡导读写一体，释放学生潜能，让学生心动、脑动、口动、手动。

一、产生背景

确立学生是课堂主体的教育观念，改变课堂教学模式，通过课堂学习，培养学生自学能力，使其为终身学习奠定基础，为未来发展创造可能；把课堂还给学生，充分尊重学生的主体地位，让学生自主合作地学习，充分培养学生的学习个性和创造性，让他们体验到学习的幸福。

1. 语文课要着重培养语文能力和语文素养

语文是一种能力、一种素养。语文是通过表达能力、交流能力、获取信息能力等体现出来的生存能力；是通过概念、表达、是非判断、逻辑推理等思维能力体现出来的发展能力；语文也是一种素养，是一种通过诗、词、歌、赋、小说、散文等体裁形式的创作、欣赏和传承体现出来的艺术素养、文化素养，正是通过这种素养，人类创造的物质文明和精神文明才得以世代相传。语文之所以特别重要，在于它是思想的工具，是沟通交流的媒介，是文化的载体。我们的生活学习都离不开它。语文能力靠后天“习得”，习得的过程就是学习者听、说、读、写的实践过程和训练过程。随着课程改革的深入推进，我们语文教师正在逐渐摆脱把语文课程视为技术性语言训练工具的观念束缚。语文新课程需要建构一种生命形态的、过程性的、富有超越品质的文化运行模式。

首先，语文新课程的价值取向应是生命形态而非技术形态。语文关注的是人的内在尺度，追求人的生命内涵与生命意义，而非关注人的外在尺度、追求语文的工具价值与功利目的。语文学习的目标不在于获得系统化的语文知识和语言运用的技能技巧，而是要让学生在言语实践中发展主体精神、建构起自己的精神家园。构成语文课程内容的知识不应是外在于学生的静态客体或认知对象，而应是富有文化内涵与生命活力的动态性知识。

其次，语文新课程不是静态的客观存在，而是一个创生课程意义的动态建构过程。作为“文本”，它期待师生对它进行多元解读和意义建构；作为“事件”，它从关注知识获得的结果转向关注知识获得的过程。

最后，语文新课程具有超越品质。它不仅承担文化认同与文化传承的使命，而且必须面向未来，提供反思性知识，培养学生的文化反思力。

2. 课堂需要有核心竞争力的经营模式

一直以来，我们对语文课堂教学模式一直存在两种基本态度：建构和解构。建构主张建立可供模仿的教学模式；解构反对任何教学模式的存在。语文教学改革的历程就是语文教学模式的建构、解构和重构的过程。《新课程标准》指出，进行课程改革的关键在于优化课堂教学，构建新的课堂教学模式。语文教学模式的建构不在于形成标准化的模仿对象，而是采用简约的形式，再现性地描述现实中存在的复杂多样的教学活动，使其中的师生关系、行为过程以及操作要领等结构要素被直观化地凸显出来，成为认识和操作教学过程的一种工具。语文教学模式的解构不是要摧毁所有的建构之物，而是对既有的教学模式进行批判性反思，使语文教学不至于被凝固化、程式化。解构否定的是“模式化”倾向，而非模式本身。我们的选择是重构，钱梦龙说：“教学过程必然有其内在的规律，也就是有反映内在规律的一定的程式。”提高课堂教学效率首先要把握和遵循学科的本质规律，进而研究教学艺术，而课堂模式就是一种教学艺术，其具体的流程能使教学效果得到基本保证。它是教学理论的“操作化”，是教学实践的“理论化”。它既源于教学实践，又是某种教育思想的简化表达形式。当然我们不否认一种课堂模式只基于对教学中某一基本规律的认识而建构，主要侧重于解决教学中部分问题而无法解决所有问题。

二、“双核四动”

1. “双核”——“读写一体”的基本内涵

“双核”即阅读和写作两个核心。阅读和写作是语文教学的两大重点，提高学生的读写能力是语文教学的主要任务。具体而言，在初中语文教学过程中以单元为节点，以培养写作能力为出发点，以学生写作中存在的问题为切入点，以精读、泛读、浏览等分类阅读寻求解决写作问题的方法为突破点，以二次作文、提高写作水平为落脚点，是融阅读与写作为一体的语文课堂教学策略。叶圣陶说:“阅读是吸收，写作是倾吐，倾吐能否合于法度，显然是与吸收有密切的关系。”“阅读与写作是一贯的。阅读得其法，阅读程度提高了，写作程度没有不提高的。”这就道出了“读写一体”的真意。读写结合，就是利用课文这个语言载体，从课文本身的内容出发，设计与课文有血肉联系的“写”的内容，从而达到以读促写、以写带读的教学目的。语文新教材每单元包括“阅读”“写作”“口语交际”“综合性学习”四大板块。每单元的阅读部分所选课文都有一个共同点，如话题、情感、写作特点等，而写作训练总是围绕本单元的“阅读”共性来安排内容。编者是把读与写当作一个有机整体来安排的，这样显现出一种角度丰富、细水长流、实时训练的特点。它更是基于现状的思考：初中语文教学一般常态是课堂的时间大部分用于阅读也就是教材中课文的讲解和分析上，写作教学一般用时较少。虽然造成这种现状的原因是多方面的，但其中最有力的借口就是没有写作教材。当然我们欣喜地看到有识之士及经验老到的语文老师在写作方面积极探索，取得了可喜的成绩，如我校2015年11月举办的作文大赛、管建刚老师的作文序列训练等。但长期以来语文教学读、写割裂，特别是写作教学“骑驴找驴”、效率低下，正处于无为、无序的状态。

“读写一体化”的目的是写作，阅读中悟得方法是途径，运用相应的方法写作是关键，提高写作水平和说话能力是终极目标。“读写一体化”形式下的阅读与写作应相互促进、相辅相成，实施读写一体化教学就能把语文教学的根本目的落到实处，也就是抓住了语文课堂教学的“牛鼻子”。我们遵循“以写定读，读中悟法，写中用法，点点突破，大量读写”的教学原则，坚持“读写一体化”的教学理念，将阅读和写作有机结合，在听说读写的综合训练中强化语言应用能力的培养。

2.“四动”——心动求所思，脑动生所思，口动议所思，手动理所思

现代的教育理念认为要优化语文课堂教学，提高教学质量，应该构建一个充分调动学生主观能动性，让学生自觉主动地参与到语言探究活动中来的模式。要想办法让学生动起来，真正做到“动心、动脑、动口、动手”。

动心。心动才能神往。以情动人是语文的精神内核，语文教育乃心灵教育。感人心者，莫先乎情。语言不是无情物，阅读时教师要善于把课文中无声的文字通过有声的语言传递到学生心中。写作是引导学生内视（审视心灵）的最佳途径。写作教学要重视开发学生的情感思维。写作时要“辞以情发”，《庄子渔父》中说“不精不诚，不能感人”，就是说只有真实的感情才能感动人。

动脑。动脑主要包括两个方面：“质疑和创新。”质疑就是善于提出问题。“学源于思，思源于疑。”李政道教授对自己的学生说过：“最重要的是要会提出问题，否则将来就做不了一流的工作。”由此可见，在教学工作中，培养学生“质疑”到解疑是必不可少的环节。因此，教师应创设质疑氛围，鼓励学生质疑，开启他们的思维之门。教师在教学中，要激发学生的好奇心，鼓励学生主动地在探索过程中获取新知，产生某种感悟、体验。教师应该积极创设情境，培养学生创造性思维的自觉性和积极性，更要加强学生发散思维的训练，为培养学生创造性思维创造条件。要积极引导学生展开想象的翅膀，并联系身边的生活实际，培养他们创造性思维的深刻性、灵活性。

动口。动口主要指“读和说”。这里的读指读他人的作品和自己创作的作品。说，主要是讨论、辩论，指口齿清楚，声音洪亮，条理清晰，有理有据地表达自己的观点和想法。

动手，即写。包括课外的片段和篇章写作训练以及课堂上的习作修改。

总而言之，高效率的语文课堂教学模式应该是生机盎然的、趣味生动的，而不是死气沉沉的。在这样的课堂上，学生才会活跃起来，能动地参与语言训练，不断地提高自己的语文素质，提高自己的语文能力，更好地掌握和使用祖国的语言文字。

三、实施策略

该如何一以贯之、循序渐进地实践“读写结合”教学策略，不仅让学生喜闻乐见、易于接受，使课堂丰富多彩、精彩纷呈，还要符合学生的认知规律，切实提高学生的阅读写作能力呢？主要还在于结合学情设立读写结合能力的梯度分层、解决学段的衔接，初中阶段每个年级的教学都应有侧重有差异，使之更易被学生接受。

1. 先讲读后习作，重在比较模仿

这一阶段的主要实践对象是七年级学生。刚跨进中学大门，这一阶段的学生对于中学生活充满了不安和仰视，很容易信心满怀或垂头丧气，再加上小学作文以情境教学模式居多，所以形象思维占优势。要向抽象思维过渡，需要采取“比较模仿”这个方法。模仿是人类的天性，语文学习也是如此，仿写是读写结合的最佳形式。因为一来它难度低，能够增强学生的写作信心和兴趣。二来是小学升初中的自然衔接。学生在读懂原文，感悟到原文优美之处的基础上，对其优美之处进行仿写，这样有利于学生学到一些表达技巧，提高自己的写作能力。语句方面，可以是句子结构的仿写，整、散句式的仿写，修辞手法的仿写；语段方面，可以是语段结构的仿写，表达方式运用的仿写；就全文来看，可以仿写范文的立意、选材，可以仿写范文的谋篇布局，还可以仿写范文的表现手法。如《从百草园到三味书屋》中“不必说……也不必说……单是……”这一部分。这里既有比喻、排比、拟人等修辞手法，又有整齐的句式结构，其语言优美流畅。首先指导学生反复读、反复品味，感受作者在此流露的思想感情，然后要求学生结合生活实际仿写一段主题明确的文字。还有一段话中连续使用了一些动词，准确地描述了雪地捕鸟的过程。学习时，先引导学生仔细品味，然后学写一段话，或叙述某个游戏的过程，或描写蚂蚁搬家的经过，试着用上一系列动词。又如《社戏》一文中描写欢乐的童年生活，文中所写内容丰富多彩，充满童真与童趣。老师引导学生以反映童真与童趣为主题写一篇文章。这一主题非常切合学生的生活实际，学生思维活跃，收效良好。再如在教学《邓稼先》一文结束时，提供给学生同是中国“两弹一星”功勋奖章获得者钱学森的相关阅读材料，让学生模仿课文小标题的写法，选取角度，整合出钱学森光辉伟大的一生。还有模仿2007年感动中国人物评选委员会对钱学森的颁奖词，给邓稼先写了一段颁奖词，如：“在他心里，国为重，家为轻，科学最重，名利最轻。5年归国路，10年两弹成，开创祖国航天，他是先行人。披荆斩棘，把智慧锻造成阶梯，留给后来的攀登者。他是知识的宝藏，是科学的旗帜，是中华民族知识分子的典范。”

2. 边讲读边想象，重在缩写、扩写、续写、改写或创意写

这一阶段的主要实践对象是八年级学生。实践内容主要来自于课内。实践目的是在培养学生对文章内容整体把握的基础上，深入理解，把握主旨，领会作者的意图，然后培养和发挥学生的想象力和创造力，使其对文章的局部进行改写、扩写、续写或创意写。比如，为了帮助学生理解掌握文言诗词并加深印象，我们要求学生进行一些扩写活动，使诗词内容具体形象，在学生头脑中产生诗与画立体的多维形象，并有生动曲折的故事情节。这一活动不仅能使学生加深理解、加强记忆，也改变了一些学生认为文言诗词枯燥乏味的看法，逐渐培养起他们对古诗词乃至对古老的中国文学艺术的兴趣，培养了学生的爱国情怀。如把《石壕吏》这首诗改成一篇记叙文或一幕短剧，把《与朱元思书》改写成现代文，介绍富春江“自富阳至桐庐”的景色。又如《芦花荡》中有一段话精彩地描写了老头子因没有圆满地完成任务而懊丧、内疚、自责的心理活动。找出这段话并细细品味，然后把第二天二菱目睹老头子英雄行为时的心理活动补写出来。还如《我的第一本书》课文中的人物，除了“我”和“父亲”以外，还有同学黄二毛、乔元贞和老师“弄不成”，这三个人言行写得不多，却让人难忘，试着从中任选一个在课文所提供的材料的基础上发挥想象虚构一个小故事。再如对课文《喂——出来》展开想象，从小说结尾续写一两百字。下面是其中的一篇续写："几天后，有一个带着绳子的秤砣从天而降，砸到了一个工匠的头上，工匠当场死亡……但随即，城市里出现了很多的原子能废物，国家机密文件保险柜等都飞出来了，无数得了传染病的动物尸体与流浪者的尸体夹杂着污水，全部都从洞中涌出来，伴随着臭味与腥味……很快传染病开始肆虐。这个城市的人都因此得了各种稀奇古怪的疾病，整座城市的人死的死、伤的伤、逃的逃……很快，这里成了生命的禁区。"

3. 智慧闪耀，创意写作

从课内阅读逐渐向课外延伸。这一阶段的主要实践对象是九年级学生。这一阶段主要培养学生在对文章主题、写作手法、结构思路、语言表现力等方面理解把握的基础上，进一步向深处挖掘，从而实现对内容的理解由浅入深，达到能力由低层次向高层次的发展。这其中包含对词、句、段、篇鉴赏、读后感、阅读随笔、定向探究、话题短文、命题作文等形式，甚至可以用多向假设、多体假设、读一文写多文、读多文写一文、艺术性创作、艺术性编演等方法让形式多样、色彩纷呈、内容活泼，使学生眼前一亮、喜闻乐见。这一阶段在实施过程中要求学生不能重复原文、不违反原文、不脱离原文、不拘泥于原文。既要读懂原文，又要联系自己的生活体验进行合乎情理的创造，使其思维的品质能得到良好的训练，培养学生善于联想、善于想象、善于品味的阅读习惯。如课文《故乡》，作者说："其实地上本没有路，走的人多了，也便成了路。"结合课文内容，说说这句话的内涵，并结合社会和人生，以这句话为话题写一篇短文。如上完《孤独之旅》后，可以如此设计：每个人在成长的路上，或多或少地感受过孤独，你如何看待"孤独"，以"我的孤独"为题写一段话。如在教学《孔乙己》时，尝试让学生对课文的空白进行想象性填补，如孔乙己的长衫哪里去了？还可以对课文的插图进行文学性解说。这类解说词语言优美隽永，感情丰富浓郁，笔法灵活多样，可以运用多种表达方式和表现手段。如《范进中举》中胡屠户打范进嘴巴的插图就可以设计相应的写作训练。还可以对课文进行多向假设，用多个不同角度、不同身份的"假设"让学生成为课文中的角色进行写作。这样有利于将阅读、写作、思维训练融为一体，既是一种"课文作文"的形式，也是一种"创境作文"的形式。比如对黄蓓佳《心声》的阅读，我们可以从如下角度来概括这篇文章的中心、理解文章的内容。

假如你是李京京，你最想对程老师说什么？

假如你是李京京，请给乡下的爷爷写一封长长的像凡卡写的那样的信。

假如你是程老师，突然面对李京京想在公开课上朗读的请求会怎么想？最后请李京京把课文全部读完时又是怎么想的？

假如你是程老师，上完这堂课你会做怎样的反思总结？

假如赵小桢在公开课上读，会产生什么效果？请将她的朗读用语言描绘出来。

假如你是区教育局听课的老师，听完这样的朗读课，你会做何评价？

假如你是当时班上听课的同学之一，李京京的朗读会带给你怎样与众不同的感想？

假如你是当时班上听课的同学之一，你能给父母或老师写一封信，记叙一件发生在你们之间的事，诚恳地表达某种心声吗？

四、“双核四动”课堂模式的一般教学流程

“读写一体化”强调的是“以写定读、读中悟法”。首先，应根据单元教学内容，从阅读和写作两个方面的要求确定读写结合点。这个训练点既可以是对立意、主题、命题等读写内容的挖掘，也可以是对构思、行文、语言等读写技巧的分析。其次，围绕这个点设计课堂教学的基本流程，主要包括以下六个环节：一是写作前置——依据读写结合点，采取命题作文的形式，让学生在课前或上课伊始进行片段写作；二是问题归因——选取不同类型的写作片段，针对存在的问题，归纳问题产生的原因；三是分类阅读——根据产生问题的原因，通过精读、略读、浏览等方式，在分类阅读过程中探索写作的方法和技巧；四是归纳方法——从立意、命题、构思、行文、语言等方面总结写作方法，运用悟得的写作技巧；五是写作提高——借鉴阅读中获得的写作方法，运用悟得的写作技巧，修改写作片段或重新写作；六是成果展示——在小组交流的基础上，展示不同水平的习作。通过上述六个环节的教学，以阅读感悟方法为手段，以写作水平提升和激励学生发展为目标，将阅读与写作有机结合，从而提高语文课堂教学效率。

“读写结合”是语文教学的宝贵经验，是提高学生语文读写能力的有效手段，在倡导减负增效的今天更有重要意义。我们要理性思考如何将以读促写、读写结合教学策略实践于整个初中语文教学过程，使学生阅读写作能力得到最大化的培养，使课堂精彩纷呈。

操北云

操北云，安庆市教坛新星、合肥市骨干教师、区校本教研先进个人。班级管理注重民主、法治、德育相结合，所写论文《浅谈班级管理中的“三米线”“八颗牙”原则》获“全国中小学德育教师优秀成果奖”一等奖。语文教育注重培养语文兴趣和语文素养，所写论文《引导科学预习，提高课堂效率》获“中国教育实践与研究论坛”征文评比大奖赛一等奖，多篇教学论文获省、市一等奖。关注学生个体发展，注重因材施教，指导学生获得第十六届语文杯全国中学生作文大赛一等奖。

《云南的歌会》教学设计

【教材分析】

《云南的歌会》是八年级下册第四单元的课文。文章介绍了我国云南的民风民俗，特色非常鲜明，片段描写尤其生动，表现的生活相当有趣。本文在“歌会”的大标题下，描绘了三种不同场面的民歌演唱，每场演唱各有特色，描写内容各有侧重，手法上也各不相同，字里行间洋溢着对自然、人、艺术的品味与赞赏。学习这篇课文，在了解趣味盎然、生动丰富的民风民俗，从中得到美的享受的同时，指导学生观察生活，发现并记录生活中的美，从而培养学生对生活的热爱之情，增强他们的民族感情。

【教学目标】

（1）引导学生把握文章框架，了解文中三个歌唱场面的内容。

（2）引导学生反复诵读课文，欣赏品味文中精彩片段，学习写作手法并指导写作实践。

（3）引导学生体会云南独特的民俗风情，感受云南人民热爱生活、歌唱生活、创造生活的热情和活力。

【教学重难点】

（1）引导学生理解环境描写对表现文章主题的作用。

（2）引导学生反复诵读课文，欣赏品味文中语言片段，学习写作手法并进行写作实践。

【教学方法】

（1）朗读法。“书读百遍，其义自见。”好的文章更要多读。采用范读、自由读、齐读等多种形式，在反复朗读中理解文章的内容，体会作者所要表达的感情。

（2）圈点批注法。“不动笔墨不读书。”学生用不同的符号圈点出重点的字词句及有疑问的地方，在相应的位置做好批注。运用圈点批注的学习方法，有助于学生养成良好的自学习惯。

（3）查阅资料法。课前布置学生阅读书籍或上网查询，了解云南的风土人情。这个课前预习既为下一步学习课文打下基础，又培养了学生主动学习的习惯。

（4）自主合作探究实践法。教学时应努力遵循新课程理念，积极倡导自主、合作、探究的学习方式，让学生感受语文学习的新途径，主动探究，亲身实践，开动脑筋，探求真知。

【教学过程】

（一）创设情境，激发兴趣

欣赏一段《云南印象》的视频。云南是民歌的故乡，云南人民是唱着生活的。那儿山美水美人更美。今天这节课让我们一起跟随作者沈从文去欣赏美妙的歌声，体会其独特魅力。

（此环节意在通过视频直入正题，形象地了解歌会的形式，激发学生学习课文的兴趣，为后面的学习奠定基础。）

（二）速读课文，整体感知

文章写了哪三种不同场合的民歌演唱？（什么人？什么地方？什么形式？）

明确（并板书）：

男女青年 山野 对歌

赶马女孩 山路 漫歌

男女老少 山寨 传歌

（此环节意在整体感知文章内容，梳理文章信息，了解三个场面描写及各自的特点，使学生在整体上对文章内容有较好的了解，为进一步精读课文做准备。）

老师：这与电视里我们看到的音乐会、演唱会有什么不同？

总结：云南的歌会场合遍布野外、山路、村寨，唱歌的人包括男女老少，唱歌的形式淳朴自然、率性而成。人人唱、时时唱、处处唱，唱得有滋有味，唱得酣畅淋漓。

（此环节意在通过对比，让学生对云南歌会的形式特点有更深的认识和了解。）

（三）精段细读，美点欣赏

请研读文章第4自然段，发现段中某方面的美点。

老师范读，学生批注。

通过文字去感受云南歌会的无穷魅力。PPT出示重点问题：你最喜欢的细节，读一读，品一品……

（读经典的作品，批注是一种很好的阅读方法。此环节意在让学生通过阅读，在字里行间发现自己喜欢的细节，并加以评注。个性化的阅读必将带来课堂研讨的良好气氛，所谓："奇文共欣赏，疑义相与析。"在研讨和交流中寻求对文本的进一步理解和共同提高。）

师生交流：PPT展示：

有动有静　有声有色　有人有物　有点有面　有详有略　有景有情

（四）美点寻踪，写作实践

"生活不是缺少美，而是缺少发现美的眼睛"，请同学们拿起笔发现并记录生活中的美吧。

优秀片段展示：

1. 景物描写

家乡老屋的后院有一个小池塘，池塘里有很多小鱼和小虾。

秋天，落叶纷飞，榕树的叶子轻轻地飘落在地上，一阵秋风吹来，把一地的落叶都吹到池塘里边，像一只只小船在水面上行驶。池塘里的小鱼们在欢快地畅游，像一只只潜水艇在搜索。

2. 人物描写

"我刚才写的那些题，你上来给做一下吧 。"老师不急不躁地说。

同学们的眼光像箭一样射向我， 其中有嘲笑， 有怜悯， 有悲愤 ，有同情……

我低着头站起来说："我不会 。"

"不会？ 你天天都在做什么？" 说着，老师缓缓地走了过来。

3. 场面描写

只听"砰"的一声，运动员们好像离弦的箭一样，飞快地向前奔去。同学们挤在跑道两旁高喊："加油！加油！"在一阵阵"加油"声中，运动员们争先恐后，你追我赶，只见我们班的×××像猛虎下山一样把其他运动员甩了半圈。

（五）感悟提升，润泽生命

云南歌会抒发自由生命活力，歌颂本初的生命魅力，让生命宣泄在自然天地中。在竞争激烈的今天，它是我们心灵的栖息地。正如邵燕祥说的——沈从文的作品是可以不舍昼夜地流下去的，润泽当代直到未来无数焦渴的灵魂。

高俊宝

高俊宝，合肥市第二批骨干教师，合肥市“义务教育课程改革先进个人”荣誉称号获得者；在课堂教学大奖赛、语文基本功大赛中，皆获县区级一等奖；在班主任基本功大赛中，获县区级特等奖。其参与的国家级课题研究《创设和谐的成长环境对子女健康成长的影响与实践研究》，顺利结题；在合肥市第四届“广玉兰”杯中小学中华经典诵读展演大赛中，其辅导并参与的节目荣获特等奖。

部编版七年级下册

《台阶》教学设计

【教材分析】

《台阶》是部编版七年级语文下册第三单元中的第三篇课文，是当代作家李森祥的一篇小说。小说以“台阶”为线索，用第一人称叙述了一位父亲经过几十年的奋斗，终于将自己的三级台阶的房屋建成了九级台阶的新屋的故事，塑造了一位要强、勤劳又很谦卑的农村父亲形象，真实地再现了中国传统农民复杂的内心世界和坚韧顽强的人生历程。

正如单元导读所言，这个单元的课文都是关于“小人物”的故事，这些人物虽然平凡，且有弱点，但是他们身上又常常闪现优秀品格的光辉，引导人们向善、务实、求美。其实，普通人也一样可以活得精彩，抵达某种人生的境界。

鉴于此，认识父亲的形象，感知父亲的品格，便是阅读教学的重点。叶圣陶说，课文无非是个例子。在写作上，本文有诸多值得借鉴的地方，但笔者在读写结合方面做了新的尝试：阅读中，发现“载体”，分析人物形象特点；写作中，运用“载体”，表达个人思想感情。

【学情分析】

《台阶》是一篇立意新颖、情节朴素感人的文章，容易引起学生的学习兴趣。但“有一千个读者，就有一千个哈姆雷特”，特别本文蕴涵的社会背景以及父亲的形象意蕴问题较深奥，七年级的学生学习起来有一定的难度，所以教学中引领示范非常重要，这就需要我们做教师的要搭梯子，降低难度。

“作文作文，头作生疼”，这是学生中普遍存在的问题，如何打通阅读与写作的“任督二脉”，如何让学生掌握简单可行的写作方法？这是本课要尝试解决的问题。

【教学目标】

（1）通过“台阶”这一载体，认识文中父亲的形象，感受其精神品质。

（2）学以致用，找载体，用载体，练载体。

【教学重难点】

（1）分析父亲的形象特点。

（2）找到恰当的“载体”，进行创作。

【教学过程】

1. 导入课文

（1）呈现班婕妤的《团扇诗》，吟诵并思考：仅仅是在写一把扇子吗?

（2）出示背景资料，达成一致认识：扇子承载了作者的命运及情感。

（3）初步感知载体的实用性以及重要性。

（设计意图：践行我校经典诵读之良好风气；类比阅读，提前了解“载体”的概念。）

2. 整体感知

通过预习，我们将文章分为三大部分：

第一部分讲旧台阶——台阶1.0版。

第三部分讲的是新台阶——台阶2.0版。

中间部分是“漫长的”准备阶段和修建阶段。

（设计意图：联系实际，用1.0版、2.0版形象地表现台阶的变化，同时寓教于乐；前后对比，引发学生思考。）

3. 研读第一部分

从“台阶1.0版”中可以读出什么？（预设：一个身强体壮的父亲，一个家境贫寒的父亲，一个渴望得到尊重的父亲，一个逐渐长大的“我”……）

4. 研读第三部分

从“台阶2.0版”中可以读出什么？（预设：一个年老体衰的父亲，一个怅然若失的父亲，一个体恤父亲的“我”……）

5. 研读第二部分

从“台阶1.0版到台阶2.0版的变化”中可以读出什么？（预设：一个勤劳能干的父亲，一个生财乏道的父亲，一个目标远大的父亲，一个矢志不渝的父亲……）

方式：老师示范，学生阅读讨论交流，师生总结。

（设计意图：教师引领示范，教给学生方法；在说话训练中，“载体”这一概念得到充分的感知。）

6. 小结提升，并过渡到“写”的环节

（1）载体是什么？（承载我们思想感情、人生哲理的事物。）

（2）已知哪些载体？（背影、莲花、陋室、紫藤萝……）

（3）还有哪些载体？（台阶、鞋子、书包、落叶、浮云……）

（4）载体的作用及选择。（只要找到一个与我们想要表达的思想感情相关的事物就可以了。）

（设计意图：这是一个由现象上升到本质的过程，这是一个实践出真知的过程。）

7. 提供载体“鞋子”，师生共同写作

（1）同时进行：师生板演，同学在座位上自由创作。

（2）展示作品，并做点评。

（设计意图：师生板演，既是展示，也是对比，这样会让学生充分体会“学以致用”的乐趣。）

8. 拓展交流

（1）配乐朗诵《鞋子的自白》。

（2）交流修改后的作品。

（设计意图：既是美的教育，同时又向名家学习，还巩固了本课所学的内容。）

9. 总结并布置作业

（1）今天我们阅读了一篇小说：“我”家的老屋只有三级台阶，“父亲”眼看人家台阶高，受人尊重，决心造一栋有高台阶的新屋。可是凭他的经济条件，要造这样的新屋得准备大半辈子。他想聚沙可以成塔，凭自己一身力气，干他十年二十年，总有一天可以造成新屋。他苦干了大半辈子，一砖一瓦地捡，一角钱一角钱地攒，终于盖起了新屋，砌上了九级台阶。屋造好了，人也老了，身体也垮了。李森祥在《台阶》中，描述了像“父亲”一样老一辈农民特有的坚韧与谦卑。“父亲”以他的力量，要造一栋有高台阶的新屋，可谓理想远大，他的血管里有民族特质中拼命苦干、坚韧不拔的精神。这是值得我们思考和学习的。

同时，我们还学会了一种写作方法，那就是找一个载体，让它承载我们想要表达的思想感情。

（2）一篇作文：《爱，就是________》

板书设计

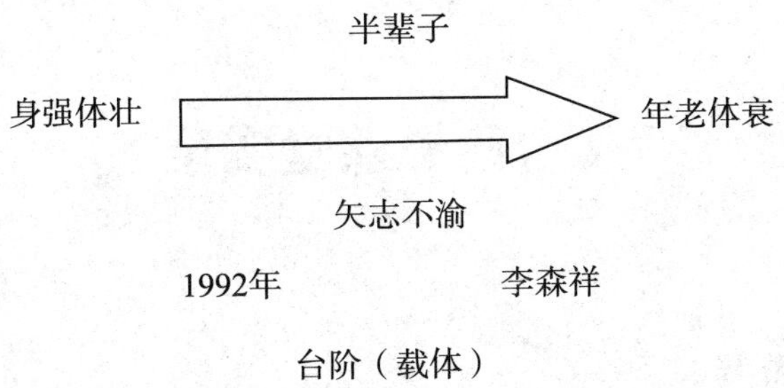

附1：班婕妤资料

班婕妤（公元前48年—前2年），名恬，班固、班超和班昭兄妹的祖姑。

班恬生来聪明伶俐，容美身秀。成帝时被选入宫，后立为婕妤。班婕妤的文学造诣很高，尤其擅长史事，常能引经据典，开导成帝排遣内心的积郁；又擅长音律，抚琴拨曲，常使成帝缠绵于丝竹声中而进入忘我的境界。

赵飞燕入宫后，极为得宠，贵倾后宫。后宫粉黛虽如云似烟，俱不值成帝一顾，即使平日最心爱的班婕妤，也被渐渐冷落了。

班婕妤终究退于后宫，后成帝立赵飞燕为皇后。

附2：王立春《鞋子的自白》

这一辈子/不做一只小孩的鞋子/真是白活//大人的鞋可真没意思/抹着油光光的头/走起路来/还一本正经/我愿意抱着胖乎乎的小脚丫/摇头晃脑地/到处跑//我喜欢钻土堆/黑色的大甲虫/会让我浑身挂满泥巴/像个风尘仆仆的将军/为了追一只蛤蟆我可以/义无反顾地冲进河里/宁可浑身湿透/也要把那个家伙踩到脚下//谁能像我一样　不停地/踢一个小石子儿呢/让小石子在空中翻着跟头/打着快乐的口哨//当然有时我也会歇下来/停在路边的草丛/和小花朵慢条斯理地唠嗑/再弄一顶金丝小帽戴/那是蜘蛛朋友早为我织好的//大鞋子会把自己扮成能干的汽车/拉满沙子到处跑/大鞋子会飞到空中/拽着树梢儿打秋千玩吗//当然/做一只小孩的鞋子/非得坚强/额头摔破了也不哭/牙齿磕掉了也不怕/就是豁破了嘴/也绝不喊疼//唉，胸前别着名牌的大鞋子/他们就连睡觉/都不敢翻身//小孩的鞋子能让脚长大/大人的鞋子却让脚变老

部编版七年级下册

《台阶》课堂实录

一、导入新课

学生：老师好！

老师：同学们好，请坐下！同学们，让我们先来看这样一首诗。大家读一下诗的题目。

学生：《团扇诗》。

老师：从题目中我们就知道了，她写的是一把——（学生：扇子。）

老师：我来给大家朗诵一下这首诗，请大家思考一个问题：作者是在写一把团扇吗？仅仅是在写一把扇子吗？（老师深情朗读《团扇诗》：新裂齐纨素，皎洁如霜雪。裁作合欢扇，团圆似明月。出入君怀袖，动摇微风发。常恐秋节至，凉飚夺炎热。弃捐箧笥中，恩情中道绝。）你从哪里可以看出，不是仅仅在写一把扇子呢？

学生：恩情中道绝（老师：还有吗？）常恐秋节至。

老师：这首诗的作者叫班婕妤，下面我们来看一段有关班婕妤的材料，然后想一想班婕妤为什么要写这首诗？她到底想要表达什么呢？（学生速读多媒体展示的材料）

老师：读了这段材料，我们回过头来再看这首诗，感觉是不是不一样了？（学生纷纷点头称是。）不一样在哪里？班婕妤借这首诗来写谁呢？（学生：写她自己。）对了，写她自己；那么书写她怎样的命运，抒发她怎样的感情？

学生：由被喜欢到被抛弃……担心害怕……

老师：我们是不是可以做这样一个总结：这把团扇就是一个载体。那么它承载了什么呢？老师写了这样一段话，我们一起朗读一下：这把团扇承载并表现了——

学生：多才女子失宠的命运，担惊、失落、幽怨的情愫。

老师：同学们，今天我们上的《台阶》这一课跟《团扇诗》啊，有一个共同点。共同点是什么呢？到后面大家就知道了。请大家齐读课题（学生齐读“台阶”。），作者？（学生：李森祥。）大家再看一下课下注解——这篇文章的发表年代是？（学生：1992年。）那个时候，中国改革开放多少年呀？中国的改革开放是从哪一年开始的？（学生：1978年开始的。）所以我们可以从课下注解当中获得一个重要的信息：这篇文章的写作背景是，中国改革开放没多少年，中国的农村还是非常落后的。（学生点头称是。）

二、整体感知

老师：同学们，通过预习，我们将文章分为三大部分：第一部分在讲什么台阶？（学生：旧台阶。）我们给它起个名字叫：台阶1.0版。第三部分讲的是新台阶，我们给它起个名字叫——（学生：台阶2.0版。）。中间部分是——（学生：准备阶段和修建阶段。），我们给它加上一个修饰词“漫长的”。

三、研读第一部分

老师：同学们，接下来我们把目光放到第一部分。我们来看一看，1.0版的台阶，它承载了什么。换言之，从1.0版的台阶上，我们可以读出什么？

老师：（多媒体展示1.0版的台阶示意图。）大家看一下，几级台阶？（学生：三级。）低，接近最低。我为什么要说“接近最低”呢？哪段有提到？

学生：第8自然段，“在我们家乡，住家门口总有台阶，高低不尽相同，从二三级到十几级的都有。”

老师：最低的是二三级，“我”家的才几级呀？（学生：三级。）所以说“接近最低”。重申一下刚刚的任务：从1.0版的台阶上，我们可以读出什么？现在我来示范一下：我从台阶1.0版中，读出了当年的“父亲”身强体壮（板书：身强体壮。）；我从哪里读出来的呢？我从文章的第2自然段——“结果父亲一下子背了三趟，还没觉得花了太大的力气。”“父亲”背什么呀？（学生：青石板。）一块青石板多重啊？（学生：300来斤。）我用“身强体壮”这个词恰当吗？（学生：恰当。）

老师：这就是我的一个小小的示范。大家迅速浏览第一部分，按照我的样子说话：我读出了什么？从哪里读出来的？

（学生默读，自由说话。）

学生：我读出了当年家里非常贫穷。从第2自然段“草鞋被磨破了……他觉得非常可惜”中可以看出。

老师：我们就围绕“贫穷”再来找一找，看看从哪些地方还可以看出“我”家当年很贫穷。

学生：第3自然段，“那石板没经石匠光面，就铺在家门口。”

老师：我请大家再看第2自然段，“说是能一口气背到家，不收石料钱。”大家说说看，“父亲”听了这话，内心活动是什么？用一个成语概括叫——（学生：正中下怀。）这也从一个侧面表现了家里非常贫穷，“父亲”千方百计地节约每一分钱。

老师：我再说一个啊，我从台阶1.0版中读出了“父亲”渴望获得尊重。你知道我是从哪里读出来的吗？找找看，同桌之间可以商量商量。

（学生讨论。）

学生：第7自然段，“这句话他不知说了多少遍。”这表现了他的渴望。第8自然段，“台阶高，屋主人的地位就相应高。”把这两句话相结合，就可以看出“父亲”渴望得到他人的尊重。

老师：这位同学把我们想说的都说了，那么我们就来好好分析一下这两段话。第7自然段，“父亲”说什么说了多少遍呀？

学生：“我家的台阶低！”

老师：这都是第6自然段的话。“父亲”是怎么说这句话的呢？我来模仿一下，（老师用两种不同的口吻读这句话。）哪一种好一些？为什么？

学生：第二种好一些，因为第二种的口吻，表现了“父亲”无奈的心情。

老师：为什么台阶低，“父亲”就感觉到很无奈呢？用第8自然段中的一句话来回答就是——（学生：“台阶高，屋主人的地位就相应高。”）那反过来，台阶低，屋主人的地位就相应——（学生：低。）我家的台阶怎样——（学生：低，接近最低。）所以“父亲”多年以来就一个愿望，什么愿望啊？

用第9自然段的一句话回答就是——（师生齐读）“但他日夜盼着，准备着要造一栋有高台阶的新屋。”

老师：“父亲”的愿望是造一栋有高台阶的新屋，因为高台阶的背后就是高地位，就是受人尊敬。老师还读出了成长，“我”的成长。谁来说一说？

学生：第4自然段，“先是跳一级台阶，蹦、蹦、蹦！后来，我就跳二级台阶，蹦、蹦！再后来，我跳三级台阶，蹦！”

老师：这是一个非常重要的细节，既有对比，还有拟声词的描写，大家做上笔记。

四、研读第三部分

老师："我"在渐渐地长大，那"父亲"呢？（学生：在渐渐地老去。）下面我们就按照刚才的方式，把目光放到台阶2.0版部分。从台阶2.0版中我们又能读出什么？看大屏幕，这是新台阶的示意图，比起刚刚的旧台阶，这新台阶怎么样？（学生：更高了。）

我提示一下，在台阶1.0版中，"父亲"是身强力壮的。到了台阶2.0版"父亲"还是身强力壮的吗？此时的"父亲"已经怎样了？（学生：老了。）从哪里可以读出来？

学生：第28自然段，"我连忙去抢父亲的担子，他却很粗暴地一把推开我：'不要你凑热闹，我连一担水都挑不——动吗！'"（老师：然后怎么样了？生：闪了腰了。）

老师：刚刚这位同学找的这段话很有表现力，我们一起来读读看。要知道，以前的"父亲"背300来斤重的石板，一口气背了三趟，都不觉得累；现在不过是挑一担水。大家注意这个破折号，我们把它去掉，读读看，再加上，读读看。

（学生朗读，并进行比较。）

老师：此时的"父亲"不服老，但事实证明，他已经老了；所以，我们从台阶2.0版中可以看到"父亲"怎样？（生说，师板书：年老体衰。）"父亲"为什么会年老体衰呢？多少年过去了呀？书上没说，但有句话提醒了我们。你找到了吗？

学生：第16自然段，"父亲就是这样准备了大半辈子。"

五、研读第二部分

老师：这是1.0版中的父亲，这是2.0版中的"父亲"，中间是飞逝而去的——（学生：大半辈子。）（板书：大半辈子。）"父亲"大半辈子都在干什么呀？（学生：在准备建九级台阶的房子。）接下来我们把目光放在文章的第二部分。看看从台阶1.0版到2.0版中，我们除了能够读出时光飞逝外，还能够读出什么？

（学生默读课文。）

老师：为了节约时间，我给大家一个话题：我们要向"父亲"学习，学习他那种矢志不渝的精神。我们再来读书，看看哪些地方可以表现"父亲"对梦想的矢志不渝。大家也讨论一下，交流一下。

（学生讨论交流。）

学生：第10自然段。“他今天从地里捡回一块砖，明天可能又捡进一片瓦，再就是往一个黑瓦罐里塞角票。虽然这些都很微不足道，但他做得很认真。”

学生：第11自然段。“于是，一年中他七个月种田，四个月去山里砍柴，半个月在大溪滩上捡屋基卵石，剩下半个月用来过年、编草鞋。”

老师：“父亲”一直都在为他的梦想做着精心的准备。我们再用第16自然段的那句话总结一下父亲漫长的准备——（学生：“就是这样准备了大半辈子。”）在这个过程当中，我们看到的是“父亲”矢志不渝的精神。（板书：矢志不渝。）

六、小结，课堂练笔

老师：在这个地方让我们来做一个小小的总结：（多媒体展示）在这个台阶上都站着谁？承载了什么？（学生：“父亲”。）“父亲”的身份是什么？（生：农民。）还有谁？（学生：作为儿子的“我”。）台阶上还有什么？

学生：贫穷，理想，以及“父亲”的奋斗。还有体恤，作者对中国农民的体恤。还有思考，作者对于农民出路的一种思考。

老师：至此，我们把《台阶》与上课一开始讲的《团扇诗》放到一块儿，对比一下，这二者之间有什么共同点？（学生：借一样东西，抒发感情，表现思想。）我们给这样的东西起个名字，叫载体。我们再想想看，我们学过的课文当中，哪些事物可以称为载体。

学生：背影、莲花、陋室、紫藤萝……

老师：等等，等等，都可以叫载体，这可不是什么新鲜的名词。其实用一个术语来说叫——（学生：托物言志，借物抒情。）载体有什么作用呢？我们这一课当中，“台阶”这个载体就起到了以小见大的作用，还是贯穿全文的线索。

老师：我们找到一个载体，就可以写出一篇很好的文章。比如《台阶》这篇小说，比如《团扇诗》这首诗。

学生：我们怎样才能找到一个载体呢？

老师：很简单，只要找到一个与我们想要表达的思想感情相关的事物就可以了。比如上次有同学写了“厕所的门板”，那就是一个载体，它承载了什么？承载了这个学生对于保护公物的思考。

老师：下面让我们操练起来吧，学以致用。我给大家一个载体——非常普通的鞋子，请大家写一首小诗。我请一个同学上黑板和我一道写，其他同学在底下写一写。要求是：让鞋子成为一个载体，承载你想要表达的思想感情。

（师生板演，学生当堂练笔。）

老师：大家在写作的时候，是不是已经感觉到鞋子已经不单单是鞋子了，它能让我们想到很多很多。我们先来看一看这位同学的作品——

我们家的鞋柜里有五双鞋/一双是妈妈的/一双是爸爸的/剩下三双都是我的//尽管这样/妈妈还是经常给我买鞋/怕我冻着

老师：从小小的鞋子中，我们读出了什么？

学生：母亲对她的关爱；以及通过数字的对比，我们可以看到这位同学被父母视作掌上明珠。

老师：再来看一看我的拙作，（多媒体展示一双旧布鞋，师：我儿时穿的就是这样的布鞋，妈妈纳的千层底。）刻骨铭心的记忆/深秋时节/儿时的我走在/小雨后尚未泥泞的路上//大地的凉气/通过我的脚底直灌上我的全身/我在心底呐喊/哪怕鞋底只有一层布也好呀//我右脚的鞋底/破了一个大洞

老师：你看我这双鞋子承载了什么？

学生：对童年苦难生活的记忆。

老师：（多媒体展示一双新球鞋。）我们把鞋子放在一块儿对比，我们也可以“以小见大”，看到什么呢？

学生：我们的国家、我们的时代在进步，我们的生活越来越美好、越来越幸福。

七、拓展交流

老师：再来看一看，一位儿童诗人写的《鞋子的自白》。

（多媒体配乐朗诵。）

老师：我看到有同学边听边在修改自己的作品，好了，剩下的时间让我们秀出自己的作品吧。

学生：鞋子像小小的船/航行在梦想的大地上//风雨无阻/会停下来吗？//黄昏时候/停在温暖而幸福的港湾。

老师：太棒了！谁来比一比？

学生：家里有一双很旧的大鞋子/我知道它曾经包裹着父亲的脚/走过很多的路。

学生：曾经我是放在商场里的鞋子/在玻璃柜里/观察着人来人往/希望哪天你把我买走//我多希望/你带我去世界各地看看/这里走走/那里走走//现在我躺在窗台上/一颗美丽的流星飞过/我许下心愿——/你不要禁锢在这小小的房间/带我一起自由地飞翔/飞翔。

老师：下课铃声响起了，今天我们阅读了一篇小说，学会了一种写作方法，那就是——（学生：找到一个载体。）布置一个作业：《爱，就是________》。请大家为爱找到一个恰当的载体，完成这篇文章。好，下课！

李 颖

李颖，中学语文教师。教学风格独树一帜，曾获中小学互动课堂评比全国一等奖、二等奖各一次。尤其擅长发掘后进生的潜力，多次被评为后进生转化能手。辅导学生写作多次获得市、省及国家级奖项，被评为优秀写作指导老师。课堂气氛活跃，课下要求严格，善于培养学生良好的思维习惯，深受学生喜爱。

《壶口瀑布》教学设计

【教材分析】

《壶口瀑布》是人教版部编初中语文八年级下册第17课，单元主题是“江山多娇”，单元的目标是“阅读游记，了解游踪，把握叙述角度和景物描写的特点”。《壶口瀑布》是一篇描写水的游记。作者梁衡调动形象生动的笔触，细致地描绘了壶口瀑布的情状和态势，热情赞美了祖国壮丽的河山。

全文写景细腻，主要借助了比喻、拟人和排比等修辞手法，抓住事物的特征写出了瀑布的声响、形状、态势及伟力，给人以身临其境的感受。写景不是孤立地写景，而是在写景中抒情言志。一是将抒情巧妙地融合在具体的描写景物之中，二是巧妙联想。由小小的壶口瀑布透视黄河博大宽厚的雄壮之美，再由黄河的性格联想到人历尽艰难、压而不弯、勇往直前的精神。

【教学目标】

知识与技能：引导学生有感情地朗读课文，读出对壶口瀑布雄伟壮阔的领悟。

过程与方法：引导学生品读优美语言，学习游记的描写方法。

情感态度与价值观：培育学生热爱大自然、热爱祖国河山和文化历史的情怀，实现读写结合的学科教学模式。

【教学重点】

引导学生结合朗读，品味文章极具感染力的语言，体会壶口瀑布的特点。

【教学难点】

引导学生理解黄河壶口瀑布特点与中华民族精神之间的联系。

【教学准备】

微课辅助预习，协助教学重点的完成。

【教学过程】

（一）导入

1. 齐读《黄河颂》

“今天的课前诵读到此结束，上课！”

“今天，让我们一起跟随梁衡先生的脚步去看一看壶口瀑布。”

2. 壶口瀑布位置（图片）

黄河发源于青海省青藏高原的巴颜喀拉山脉，自西向东分别流经青海、四川、甘肃、宁夏、内蒙古、陕西、山西、河南及山东9个省（自治区），最后流入渤海，呈“几”字形。

3.“接下来检查一下大家的预习情况”

“这里有一个小游戏，需要两位同学上来PK，谁愿意？”

字音字形组合（游戏）

“接下来需要匹配相应的读音，哪位同学愿意上来完成？”

气球（字音）

（轻松的预习环节，解决字词障碍。）

明确：推推搡搡（sǎng）

霎（shà）时

汩汩（gǔ）如泉

怒不可遏（è）

挟（xié）而不服

“请大家拿出手机，我们查一查作者简介。”

手机查阅作者简介，拍照，投影。

（现代化技术的运用，运用强大的网络资源，快速全面地了解背景情况。）

（二）初读课文

1. 自由朗读课文，感受壶口瀑布的气势

“昨天大家通过微课，了解了课文内容，让大家思考壶口瀑布给你带来的感受。下面，请同学们完成这句话。”

填词“我感受到了______的壶口瀑布”。

“同学们的感受很丰富，那么，我们一起概括一下壶口瀑布的特点吧！”

2. 总结壶口瀑布的特点

明确：磅礴、雄伟、壮阔，惊心动魄、刚柔并济。

3. “这是有关课文内容的一个表格，请大家思考片刻。哪位同学愿意上来完成这个表格？”

季节	声	势	景	感
雨季（铺垫和渲染）略写	隐隐如雷 震耳欲聋（刚）	“上面的水还是一股劲地冲进去，冲进去……”	水浸沟岸 雾罩乱石	危险、气势磅礴、令人胆战心惊 （惊心动魄） 撼人心魄的壮美
旱季（借物喻人，赋予水人的情感）详写	隆隆冲去、轰然而下（刚） 汩汩如泉、潺潺成溪 哀哀打旋、如丝如缕（柔）	“其势如千军万马，互相挤着、撞着，推推搡搡，前呼后拥，撞向石壁，排排黄浪霎时碎成堆堆白雪。” “凝重”“猛烈”	“龙槽”“深不可测”；大水“向龙槽隆隆冲去”时“被跌得粉碎，碎成点，碎成雾”。大水“向两边涌去”时，“平平的，大大的，如飞毯抖落”	（波澜壮阔） “柔和之中只有宽厚绝无软弱，当她忍耐到一定程度时就会以力相较，奋力抗争。”有坚韧不拔的精神 雄伟壮阔、刚柔相济

匹配“雨季”“旱季”声势景的文字：

“了解了壶口瀑布的课文内容，那么，壶口瀑布到底是什么样的呢？我们一起去现场看一看。”

4. 观看视频，配词

“这么窄的壶口一时容不下这么多的水，于是洪流便向两边涌去，沿着龙槽的边沿轰然而下，互相挤着、撞着，推推搡搡，如千军万马滚滚向前……尽管这样，壶口还是不能收尽这一川黄浪，于是，又有一些各自夺路而走，在龙槽两边的滩壁上散开来……”

（现场视频，直观感受，激发兴趣，同时帮助解决课文重点。）

5. 初见瀑布

“关于瀑布，我们听说过很多地方的瀑布，大家看一看图片上是哪一个瀑布？”

“老师给你们一个提示，我们一起读一首诗，你们一定猜得到。”

点击古诗词：

“这就是闻名遐迩的庐山瀑布，大家看一看，和我们今天所学的壶口瀑布有什么不同？”

观察角度的不同，了解从不同角度体现不同的景物特点，也会有不一样的感受。

6. 再观瀑布

“那么壶口瀑布的名字究竟是怎么得来的呢？”

出示文字、图片，一边放大镜头一边读文字。

“原来河心还有一条河，是突然凹下去的一条深沟，当地人叫‘龙槽’，槽头入水处深不可测，这便是‘壶口’……”

（图片直接感受，利用直观性。）

（三）品读语句

“了解了壶口瀑布相关的知识和内容，让我们走近文字，细细地品读壶口瀑布的深刻韵味。”

1. 品读语句

“老师找出了部分自己喜欢的句子，小组讨论交流，说一说句子的表达效果。”（点名器，计时器）

出示句子。

（1）河水从五百米宽的河道上排排涌来，其势如千军万马，互相挤着、撞着，推推搡搡，前呼后拥，（点击变色）撞向石壁，排排黄浪霎时碎成堆堆白雪。

A学生回答了表达效果。

“这水势真猛啊！请B来读一读红色的字！”

“还有谁再来读一读？读出水势的汹涌。”

“从你的朗读中，我仿佛看见黄河之水滚滚而来，大家一起来读一读。”

“我们把红色的字带到句子里，再一起读一遍。”

黄河水有这磅礴的气势！（点出图片）它从秦晋峡谷而来，宽400多米的地方而来，可见黄河的奔流不息。

（反复朗读，激发情感，以读代讲。）

（结合图片，更加深刻了解水势特点，结合朗读，理解课文重点。）

（2）“现在我们把目光从崖头转向‘跌落’的水底。”

不，简直如一卷钢板出轧，的确有那种凝重，那种猛烈。尽管这样，壶口还是不能尽收这一川黄浪。

“谁能读好这句话？你有怎样的感受？”

学生A：湍急的水流汹涌激荡，向我们扑面而来，震耳欲聋的声音在整个峡谷里回荡，仿佛要把整个山河都吞掉。

学生B：比喻，将柔而无形的水比作“钢板”，形象生动地表现了河水的凝重和猛烈。

“两位同学从不同的角度赏析了这个句子，我们平时欣赏文字的时候也要学会从不一样的角度品味。”

“看，水底的激流又是一番怎样的景象呢？”

于是又有一些各自夺路而走的，乘隙而进的，折返迂回的，它们在龙槽两边的滩壁上散开来，或钻石觅缝，汩汩如泉；或淌过石板，潺潺成溪；或被夹在石间，哀哀打旋。还有那顺壁挂下的，亮晶晶的如丝如缕……而这一切都隐在湿漉漉的水雾中，罩在七色彩虹中，像一曲交响乐，一幅写意画。

生：这句运用了排比的修辞手法，写出了河水纤细、柔和、优美的不同形态。

“这里我们看见的不仅仅是磅礴壮阔的黄河了，还看见了黄河细腻温柔的一面。”

“我们一起合作读，男生读前半部分，女生读后半部分。”

（赏析细节描写，教学重点用多种方式辅助解决。）

2.“请同学们选取文章中你喜欢的精彩片段，把壶口瀑布震撼人心的气势读出来，可以和你周围的同学分享。”

录像，拍照。投影。

（让更多学生发声，多媒体的运用节省了时间，也激发了学生的学习热情。）

3.“哪些同学愿意和我们一起分享你们喜欢的精彩片段？老师给你们准备了配乐。”（配乐：黄河船夫曲）

（反复诵读，加深体会。）

（四）探究情感

“文中除了对黄河的描写外，还有一些哲理性的文字。”

1. 思考内涵

黄河博大宽厚，柔中有刚；挟而不服，压而不弯；不平则呼，遇强则抗；死地必生，勇往直前。正像一个人，经了许多磨难便有了自己的个性……

“是怎样的情感让作者把黄河和个人的情感个性紧紧相连的呢？”

2. 拓 展

（1）黄河是中华民族的母亲河，而壶口瀑布又是黄河上的天下奇观。面对壶口瀑布浊浪排空、雷霆万钧的雄浑气势，任何人都会深刻感受到中华民族顽强不屈的伟大精神，创作的激情与才思就会像黄河壶口之水一样喷涌而出。

明代诗人陈维藩在《壶口秋风》一诗中写道："秋风卷起千层浪，晚日迎来万丈红。"描绘的是瀑布溅起水雾在阳光下形成彩虹的瑰丽景象。

清人崔光笏在《壶口》一诗中则充满豪迈地写："禹公疏凿最先径，一线奔流若建瓴。石堑横分薄烟雾，天瓢倒海吼雷霆。"

另外，还有一副楹联这样描绘壶口瀑布风姿："山吞残日暮，水夹断云流。"

"请一位同学为我们读一读旁边的诗句。"

"这里有生字，我们查一下字典。"

"齐读三遍。"

（2）出示人民币图片，带学生看人民币上的"壶口瀑布"，人民币上印的都是有着深刻意义的景色，而壶口瀑布就曾经印在50元的人民币背后，由此可见，黄河对中华民族的伟大意义。

（3）1938年9月，正当抗日战争极其艰苦，中华民族面临危亡的时候，著名诗人光未然带领抗敌演出队来到壶口，他的心骤然被奔泻的瀑布所征服，滔滔的黄河水在诗人心中掀起了万丈狂澜，就在这里，他写下了不朽的诗篇《黄河颂》。回到延安，冼星海为这首诗谱了曲，杰出的《黄河大合唱》就此诞生了。这首合唱曲激励了无数的中华儿女奔向抗日的前线，用自己年轻的生命和青春的鲜血为中华民族谱写了一首又一首的《黄河颂》，它激励人们为祖国的前途、为自己的理想前赴后继，它激励着宝塔山下的革命志士为中华民族不受侵略者的蹂躏而抛头颅洒热血。

"我们一起来欣赏这一首激昂的《黄河大合唱》。"

（4）《黄河大合唱》（音频）。

"这些平日里'娱乐大众'的明星们，在黄河奔腾万里的情景中，在慷慨激昂的歌声里，竟情不自禁地言语哽咽，潸然泪下。那时那刻，他们不再是耀眼的明星，他们有的只是中国人之所以为中国人的朴素的爱国情怀……"

（5）请写一写你此刻内心的感受。

作品投影。

（6）母亲河不但慈祥善良，正直无私，她还威严刚强，不甘凌辱，每到祖国的关键时刻，她就大义凛然地站起来，率领炎黄子孙，冲向前去，义无反顾，一往无前！

（由浅入深，层层深入，从图片到文字再到视频，结合生活，让学生带入情感，解决课文难点。体现读写结合的学科教学模式，从现代学生特点和爱好角度激发学生的爱国热情，更易引起共鸣。最后写作抒发情感，形成一个完整的情感升华。）

（五）心中黄河

把这篇课文读给家人听，分享到班级微信群。

仔细体会文中包含着哲理性的文字，并以你熟悉的某一自然景观为对象，仿写一段同样富有哲理的文字。

黄佩林

黄佩林，男，生于1987年8月，中共党员，安徽省铜陵市枞阳县人，2009年毕业于安庆师范学院汉语言文学专业，大学本科学历。2009年9月至2016年6月在肥东县某民办学校任教，2016年9月加盟合肥市行知学校。曾荣获合肥市招生工作先进个人、合肥市首届微课大赛一等奖、肥东县高中语文优质课评比二等奖、瑶海区初中语文优质课评比二等奖等奖项。从教以来，常年担任班主任和语文教师，热爱讲台，热爱学生，始终坚持“成长、成人、成才、成功”的教育理念，不放弃、不抛弃任何一个学生，努力做学生的良师益友。

《背影》教学设计

【教学目标】

（1）引导学生积累字词。

（2）引导学生感悟父子情，尤其是作者的情感变化。

（3）引导学生感受文中通过细节描写表现父爱的方法。

【教学重难点】

（1）重点：作者情感的变化。

（2）难点：父亲打动儿子的原因。

【课时安排】

1课时。

【教学过程】

（一）导语

朱自清父亲读《背影》。

（二）写作缘由

朱自清：我写《背影》，就因为文中所引的父亲的来信中的那句话。当时读了父亲的信，真是泪如泉涌。

写给儿子的信：我身体平安，唯膀子疼痛厉害，举箸提笔，诸多不便，大约大去之期不远矣。

（三）一探背影

齐读第6自然段，结合语段中的词语或语句谈阅读感受。

我从________中读出了________的父亲。

我从________中读出了________的儿子。

小结：作者用“慢镜头”特写了父亲攀爬月台为“我”买橘子的背影，用无微不至的关怀打动了作者。

（四）二探背影

1. 读第1～5自然段，开头作者说："我与父亲不相见已二年余了，我最不能忘记的是他的背影。"但接下来作者似乎并未急于写背影，他写了什么？

明确："背影"出现的背景：家道中落，祸不单行（祖母死了，父亲卸职）；坚持送行，关怀备至。

补充资料：朱国华："文中所记买橘子等细节，使每个读者难以忘怀，对于我来说，就更理解其深意了。在过去的日子里，不要说几个橘子，就是金橘子、银橘子也不稀罕。然而，此时的父亲已是负债累累，囊空如洗，这一堆朱红的橘子便不同寻常了。读过《背影》的人，可能还会注意到父亲的穿戴是这样的：黑布小帽、黑布大马褂、深青布棉袍。与这些相对照的是：自清大哥却带着一件较为华美的紫毛皮大衣。此时，一方面为服孝，一方面是由于把所有的贵重衣物全部变卖了，但父亲却在这样的情况下，给自清定做了一件紫毛皮大衣，并亲自为他铺在座位上，以期抵御北国的风寒。"

2. 面对这样的父亲，儿子是怎么做的？

明确：从不理解到理解，并自责感怀。

齐读尾段，感受普通的背影给作者带来的特殊感动。

小结：通过这几段文字的叙述，我们深深感受到一位背负着巨大物质和精神压力的父亲在极端的困境中却依然为儿子做了这么多，所以让儿子十分感动，也感动了无数的读者。

（五）写一写

你有没有作者类似的经历？写写你的父亲。

（六）总结

缘分就是今生今世不断地在目送他的背影渐行渐远。你站在小路的这一端，看着他逐渐消失在小路转弯的地方，而且，他用背影默默告诉你：不必追。

卞金竹

卞金竹，中学语文教师，进入行知学校工作的三年里认真负责，锐意进取，成长迅速。先后两次获得全国中小学互动课堂教学评比三等奖。潜心研究初中生写作指导，荣获合肥市优秀指导教师奖。辅导学生中有两位获得第十二届中国中学生作文大赛安徽赛区二等奖，有二十余位获得市级作文奖项。

《风雨》教学设计

【教材分析】

《风雨》这篇课文是人 教版七年级上册第三单元的一篇自读课文，通篇没有“风雨”二字，全文却无处不写风雨，展现了一幅风急雨骤的场景。作者对于各种修辞方法和描写手法驾轻就熟，非常值得学习。

【学情分析】

七年级学生已经能掌握比喻、夸张、拟人等常用修辞手法，对外貌、语言、动作等人物描写手法也有所了解，但对侧面描写涉猎较少，因此，本课的重点是在赏析文章语言的同时，渗透侧面描写的概念，从而让学生理解。

【教学目标】

（1）引导学生了解作家及作品，掌握本课生字词，理解文章内容，体会作者笔下风雨的特点。

（2）引导学生学习作者抓住特征描绘景物的写作手法。

（3）引导学生结合课文内容，感悟作者抒发的思想感情，培养语感。

【教学重难点】

引导学生学习文章抓住景物特点，生动细致地描写景物的方法。

【课时安排】

1课时。

【教学过程】

（一）引入课文，介绍作者

1. 课件呈现描写风雨的文段，导入课题

“天空，浓浓的乌云像排山倒海的浪涛，从天外滚滚扑来。暴风雨要来了！忽然，空中划过一道刺眼的闪电，给万物罩上了一层银光，紧接着轰隆一个惊雷，把我吓了一大跳。霎时，暴雨像天河决了口一样铺天盖地而来，雨越下越大，雷越打越响，整个大地都在发抖。雨打在对面屋顶上，溅起朵朵水花，屋面上一片烟雾。大股水流从屋檐上奔泻而下，院子里一下子积满了水。大树、小树在暴风雨中发狂似地舞动着，喊着，欢呼暴雨的来临。”

2. 作者介绍

贾平凹，原名贾平娃，中国当代著名作家。1952年出生，陕西丹凤人。1975年毕业于西北大学中文系。全国政协委员，陕西省作家协会副主席，西安市人大代表，西安市作家协会主席。1974年开始发表作品。著有小说集《贾平凹获奖中篇小说集》《贾平凹自选集》，长篇小说《商州》《白夜》，自传体长篇小说《我是农民》等。《腊月·正月》获中国作协第3届全国优秀中篇小说奖；《满月》获1978年全国优秀短篇小说奖；《废都》获1997年法国费米娜文学奖；《浮躁》获1987年美国美孚飞马文学奖。

（设计意图：用声势浩大的风雨场面引起学生的兴趣，导入文本。了解必要的作者信息，积累文学常识，并引发学生对作者的仰慕之情。）

（二）检查预习

1. 注意容易误读的字音

倏（shū）忽 模（mú）样 撩（liāo ）起 刹（chà）那 葡萄蔓（wàn） 栅（zhà）栏

2. 容易写错的字

倏

3. 生词解释

偌大：这么大，或那么大。

倏忽：忽然，很快。

攀附：附着东西往上爬；比喻投靠有权势的人，以求高升。

（设计意图：七年级学生对字词音、形义的掌握仍然不够全面，借由名家名篇，更能提高孩子对字词掌握的准确性。）

（三）整体感知，理清思路

1. 自由读文，思考：文章抓住了哪些事物来表现风雨？

植物：树林子 垂柳 杨叶 芦苇 葡萄蔓 浮萍

动物：羊 苍蝇 鸟儿 废纸 湿猫 鱼儿

事物：鸟巢 瓦 池水 木架 门窗 油灯

人物：小女孩 老头 孩子们

2. 上述事物是按什么顺序展现的

由远及近

（设计意图：浏览文本，提炼文本中的关键信息是七年级学生的必备能力，也是走近文本的必要前提。对写景类的文章，写作顺序是了解作者思路的重要方向。）

（四）研读赏析

朗读课文，说说你感受到了一场怎样的风雨？从哪些句子看出的？并说说这些句子妙在何处？以下列句式来说。

我感受到了一场“______”的风雨，从文中可以看出，它妙在______。

例句：我感受到了一场强劲的风雨，从文中“槐树上的葡萄蔓再也攀附不住了，才松了一下屈蜷的手脚，一下子像一条死蛇，哗哗啦啦脱落下来，软成一堆”可以看出，它妙在写出了风雨来临时，葡萄蔓坠下树枝的飘摇形态，比喻手法的运用更生动地展现了风雨的强大力量。

（设计意图：精读文本，多角度感受文章营造的情境，体会作者语言运用的高妙之处。）

（五）写作特点

（1）文章描写风雨，全文却无“风雨”二字。仔细体味，又觉得无处不在描写风雨，无处不体现风姿雨态。这种高明手法，实在令人拍案叫绝。这种写作手法叫什么呢？

侧面描写：也称间接描写，即间接地对描写对象进行刻画描绘。是指在文学作品中，通过对周围人或环境的描绘来表现所要描写的对象，使其鲜明突出。

（2）对比本课开始呈现的文段，明确正、侧面描写的区别，回归课文，再找出一两处侧面描写，读一读，品一品。

（3）当堂练笔。

长假归来，因沉迷于节日气氛，多位同学作业没有完成。老师在教室对他们进行了严厉批评，并严肃警告了在座所有同学。请用几句话侧面描写此时教室的安静程度。

（当堂交流展示。）

（设计意图：重点学习作者多角度展现的侧面描写，与正面描写相似景物做对比，体会正、侧面描写在表达效果上的异同。当堂片段练习能及时巩固所学写作技巧，为今后写作水平的提高打下基础。）

（六）布置作业

1. 熟读课文，完成本课基础训练。

2. 试着用多种描写手法描写体育课上操场环境。

3. 课下阅读贾平凹的其他作品。

施耐庵文学奖《古炉》

法国费米娜外国文学奖《废都》

全国优秀散文奖《爱的踪迹》

美国美孚飞马文学奖《浮躁》

中国作协第三届全国优秀中篇小说奖《腊月·正月》

全国优秀短篇小说奖《满月儿》

（设计意图：课后作业旨在巩固上课所学知识。拓展阅读以作者获奖作品为主，帮助学生筛选优质作品，既可以激发学生的向往之情，又可以燃起学生更高的阅读热情。）

板书设计

《风雨》

贾平凹

植物：树林子　垂柳　杨叶　芦苇　葡萄蔓　浮萍

动物：羊　苍蝇　鸟儿　废纸　湿猫　鱼儿

事物：鸟巢　瓦　池水　木架　门窗　油灯

人物：小女孩　老头　孩子们

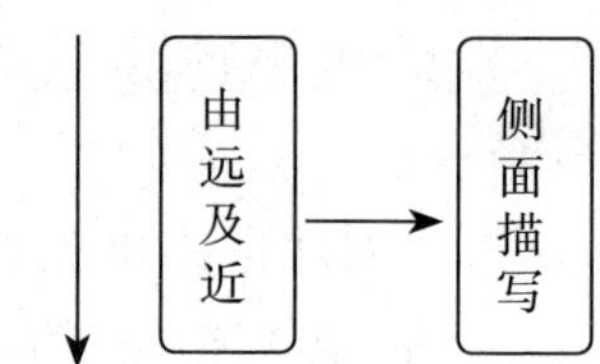

初中英语

教研组

初中英语教研组

初中英语教研组研讨课堂模式

初中英语教研组简介

行知学校初中英语教研组是一个年轻向上、团结协作、积极进取的优良集体。现有教师23人，本科学历21人，研究生2人。一批浑身散发着青春活力的新生代教师是主力。教师们在《新课标》指引下，努力在教学教研活动中有所创新，努力培养学生运用英语进行交际的能力，努力追求课堂每一环节的有效性，提高课堂教学质量。同时，英语教研组积极开展丰富多彩的课外活动和竞赛，如“单词听写比赛”“电影配音比赛”等，使学生在听、说、读、写方面得到更多的综合训练，培养学生自主学习的意识，提高学生可持续发展的外语学习能力。在各级各类的比赛中多人次获奖，组内老师所上的区级公开课、展示课得到行家、专家的一致好评。

初中英语PSP教学模式

初中英语“准备—学习—产出”教学模式简称PSP英语教学模式。该模式基于输入与输出理论、建构主义学习理论和社会建构主义的“中介作用”和“最近发展区”理论，关注学生对所学知识的建构，从音、形、义、运用以及相关文化意识的逐步呈现几方面，达到学生对知识体系自主建构的目标。本模式共有三个环节。

关键词：自主建构　自觉运用　激发内在动机

一、模式理论支撑

（一）输入与输出理论

Krashen和Bialystok的输入与输出理论是我国目前的外语学习研究中被引用最多的理论之一。针对听、说课教学，Hamer（1983）提出的“输入、练习、输出之间平衡”的教学主张更具借鉴意义。他认为首先要让学生有足够的语言输入，通过听觉和视觉大量感知语言材料，通过多看、多听、多读来接触和理解语言材料的意义、形式结构和交际功能；其次要让学生将输入的语言材料和相关的知识在多种活动中反复操练、消化、加工，使之进入长期记忆系统，内化于学生已有的知识结构中；最后要让学生将贮入的语言材料和知识重新组织，在新的交际情况下以口头或笔头方式表达出来，把握语言的交际功能，有效地交流信息。输入、摄入（吸收）、输出，环环相扣，循环往复，组成有机整体，三者全面兼顾，平衡发展，不可顾此失彼、有所偏废。

（二）建构主义学习理论

以学生已有的经验为基础，学生的学习过程是一种个性化的学习过程。在教学过程中，学生的中心地位和主体地位得到确认。教学过程从面向课程转向了面向学生，从重视学生的行为表现转向重视学生内部知识的建构，着重协作、会话和知识意义的建构过程，知识的建构不光表现在学生身上，也体现在教学过程中。教师也有一个知识的建构过程，因而在整个教学过程中不光是学生的学习，教师也同样在整个教学过程中得到了提高和升华。知识建构有一定规律，教师可以利用这些规律促进学生学习。

（三）社会建构主义的“中介作用”和“最近发展区”理论

社会建构主义作为建构主义的一个重要分支，在赞同建构主义基本观点的同时，在有关建构“个体与社会”的关系问题上独树一帜。所谓“中介作用”是指学习者身边的重要人物在他认知发展过程中所起的作用。有效学习的关键在于学习者和“中介人”（父母、老师和同伴）之间的交往互动的质量。“最近发展区”是指比学习者现有知识技能略高一个层次、经他人协助可达到的水平。这是对学习者认知发展有重要意义的“中介人”（比如教师）大有可为的领域。若“中介作用”适时、适度、得法就能促进“最近发展区”变为现实。

依照建构主义的教学理论，教师在教学过程中起着中介的作用，是学生达到其学习目标的重要“工具”之一。因此，建构主义理论倡导在教师的指导下以学习者为中心学习，强调学习者对知识的主动探索、主动发现和对所学知识意义的主动建构，教师不再是知识的传授者和灌输者，而是意义建构的帮助者和促进者。教师的中介作用主要表现在：情感上的潜移默化作用；促进学生认识和理解活动任务的意义；帮助学生培养自我控制能力、独立思考能力和处理问题的能力，提高他们的自信心；组织协作学习，并对协作学习过程进行指导使之朝着有利于意义建构的方向发展。

二、模式教学基本环节解读

初中英语“准备—学习—产出”教学模式（PSP模式）的基本环节如下：

（一）PREPARATION准备环节（此环节约为5分钟）

教师要促进和指导学生主动进行课前的预习，养成自觉预习、善于预习的习惯，为课上高效学习奠定基础。提出具体明确的自学要求，如“看书的具体范围、思考内容、要用多少时间、要达到什么目标、自学后教师如何检测”等等。同时还要指导学生自学的方法，如“怎么看书、怎样练习、思考必须是独立进行”等等，并根据具体教学目标和内容的需要，让学生在独立思考的前提下先行尝试，宜动口则动口，宜动手则动手。

刚开始上课时，教师利用多媒体技术整合话题相关知识，进入课前的有效热身，话题内容围绕教学主题，可利用图片、音频或视频进行短促而信息量丰富的课前热身，这样既能激活学生旧知，亦可渗透新课主题。

教师在充分热身后有针对性地切入新课，利用交互游戏、图片呈现、视频播放等手段迅速切入新知，既可以快速“预热”课堂，也可以做到过渡自然，让学生在“毫无违和感”的情况下进入新课学习中，消除学生对于新知呈现的陌生感和恐惧感，为新课呈现做好启发工作。

（二）STUDY学习环节（此环节约为25分钟）

1. 新知学习（此环节约为10分钟）

语言学习不同于其他知识的学习，它对于学习的环境和方式有更高的要求，作为一门外语，我们最为头痛的问题就是无法为语言学习者提供有意义的语言学习环境。教师可用多媒体技术模拟和创造出有意义的语言学习和运用的环境，让学生可以最大限度地习得和运用语言。教师要想办法为学生创设新颖可信的情景，吸引学生注意力，激活课堂教学。再由该情景过渡到课本所展现的情景之中。合理地运用实物、图片、挂图、简笔画、现场录音及多媒体课件等，让所要呈现的情景更加直观而富有情趣，让学生在新颖可信的情景中感受新知识、学习新知识。

2. 内化新知（此环节约为15分钟）

学生在习得新知后，教师需要设计活动帮助学生将新知建构到学生已有的知识体系中去，达到听、说、读、写等各方面的提升。步骤如下：

（1）列出含有上一环节里的重点词汇和句型，要求学生模仿。

（2）要求学生在模仿过几个句子后通过听或读找出在课文中出现此词汇和句型的句子，并加以理解。

（3）给出不同情景，要求学生用此词汇和句型造句、对话，或根据学生情况让学生自己运用词汇和句型。

（4）让学生自己总结词汇和句型的用法，教师将用法和搭配展示给学生，可根据学生情况进行词汇和句型的扩充。

（三）PRODUCTION产出环节（此环节约为10分钟）

一节好课一定有学生新的学习经验的形成，所以检验学生是否学有所得就显得尤为重要，一切不能产出新语言运用的教学都是失败的。教师利用多媒体为语言产出提供最接近真实的语言环境，利用各种平台去获取真实语料、大量的图片和视频以及教学活动软件和资料库，然后学生根据任务和语料进行有信息沟的真实交际。

产出环节通常采用小组合作的形式。小组合作要注意以下几点：

- 组内合作，组间竞争。
- 人人有事做，事事有人管，人人都参与，个个争荣誉。

• 强化思维，倡导“五动”。

• 从形象思维逐步发展到抽象思维。

• 眼动、脑动、手动、口动、情动。

• 分层训练，注重体验。

• 了解学生、掌握全班学生的共同特点及个别差异。

• 分层教学。

• 让每个学生都能拥有成功的体验。

总结：

一节好课的标准有很多，但一节真正的英语好课应该可以给予学生学习更多知识的可能性，应该能体现英语的工具性，还应该关注学科的人文性，关注学生获得新知的过程和方法。本模式关注了对所学知识的建构，从音、形、义、运用以及相关文化意识的逐步呈现的方面，达到了让学生对知识体系自主建构的目标；使学生不但具有对单个知识和单项能力的个体认知，学到了知识，而且也具有了会说英语、会用英语的能力。

三、教学策略

（1）促进认知迁移，从机械复述到情境运用。学生的语言表达不应该照搬课本上出现的或教师说过的话，而是要学会在真实的情境中恰当地运用所学到的语言。

（2）激发表达动机，从指令应答到自主参与。有效的听说教学要创造条件和机会让学生参与到实践活动中来，充分发挥学生表达的自主权。

（3）贯彻任务教学，从简单互动到用语言做事。语言表达除了人际交流外，还需要服务于更宽泛的目标，如“完成一个任务，探讨并解决一个问题”等，这样语言的使用就与学生的生活有了紧密联系。

（4）突出以学生为主体，教师示范，学生表现。教师所做的一切都是为了学生的发展。

（5）优化信息产出，从勇于发言到智慧表达。有效的听说教学不仅要营造轻松的语言表达氛围，还要注重学生语言输出的质量。

戚晓丽

戚晓丽，英语师范专业毕业，本科学历，英语专业八级。先后获得“全国蓝宝石杯教师大赛”一等奖、“市级优质课”“省级优质课”。其教学风格幽默风趣，让学生们爱上课堂，从而爱上英语。

教书育人是一个过程，因为教育是没有极限的，所以我们只有尽可能地追求过程的完美。先培养孩子的求知欲，再慢慢打开他们跃跃欲试的心灵，最终让智慧的火花流光溢彩。这就是一名人民教师的使命。

外研版新标准英语八年级上册

Module 6 Animals in danger

Unit 2 The WWF is working hard to save them all.

Analysis of teaching material and students

The topic of this module is "Animals in danger". Students are interested in this topic. And they are in Grade 8, so they have the abilities to express their opinion. It is good for their writing.

Teaching objectives.

Knowledge objectives:

(1) Key words: research, situation, scientist, produce, government, nature, develop, symbol...

(2) Grammar structure: infinitive structures (infinitive as object complements and adverbials of purpose)

Ability objectives:

Enable the students to read and understand the main idea.

Enable the students to write a short passage about an animal in danger.

Moral objectives:

Raise the students' awareness to protect animals.

Key and difficult points:

Enable the students to master the infinitive structure.

Enable the students to master a new writing pattern（ reason-solution）.

Teaching methods:

PSP teaching method

Teaching aids: Focusky, video

Teaching Procedures:

Step 1 Preparation

（注：在家预习是PSP模式不可缺少的一步）

1. Puzzle word game. (situation, scientist, produce, government, nature, develop, symbol）

（设计意图：字谜游戏通过英英互译、关键词填空等方式让孩子对即将遇到的新单词做到"心中有数"。对自己经过自学后还不甚了解的词汇，在课堂上可通过提问、互相学习等方式解决。）

2. Ask students to collect some information about pandas. (appearance; behavior; living situation)

（设计意图：收集熊猫的相关信息，可为孩子们对本课的深度阅读打下基础。）

Step 2 Leading in

1. Greetings.

2. Free talk. (The information they prepared at home.)

3. Ask them 3 questions:

Question 1: What does the panda looks like?

Question 2: What do they like to do?

Question3: Where do they live?

（设计意图：准备环节的时间不宜过长，难度不宜过大。这样的设计旨在让每个孩子"有话可说"，不仅引出了"in danger"，还为课文提供了信息支撑，更提高了孩子们的课堂自信，有助于后面教学。）

Step 3 Study

1. Ask the students what they will write about "Pandas in danger". Then students will give some suggestions about the writing. Comparing with the passage they will learn more useful ways.

（设计意图：让孩子对文章的结构有个预设，为后面的写作输出做好铺垫。）

2. Let the students read the passage quickly and match the headings with the paragraphs. (Point out the new words on the screen.)

They will learn some reading skills in this part.

（设计意图：通过快速阅读了解文章大意，而且快速阅读本身就具有提高阅读效率、改善记忆力、集中注意力等诸多优点，是我们阅读环节不可或缺的重要途径之一。在快速阅读环节，穿插着给学生总结一些阅读小技巧，做到

“技多不压身”。）

3. Ask the students to finish activity 3. Then check the answers.

（设计意图：刚才的阅读，可以帮助学生快速地定位所要回答的问题，二次阅读会让学生更加关注细节，加强对句子的理解，这样的答案设计也能成功引出这节课的语法结构。）

Enjoy a video together about “to do”.

（设计意图：语法教学一直是英语课堂中较难处理的一个部分，在这种情势下微课应运而生。所以将微课和语法教学相结合，既活跃了课堂，又能让学生们学有所思、思有所出。）

4. After reading the passage. The teacher asks the students if they have some new ideas about writing now.

Let the students find the reasons and solutions in this passage.

Introduce the reason、olution pattern. (Give them 3 choices)

Reason、solution Pattern: reason A + solution A, reason B + solution B.

Encourage the students to use this pattern when they are writing.

（设计意图：这是对课文结构升华的一个步骤，一个深度阅读的过程，不再仅仅停留在文本的文意上，而是把一个新的写作结构（reason、solution）展现给了学生，并对其后面的写作给出指导。）

Step 4　Production

There are 6 kinds of animals. Ask the students to choose one in random.

Talk in the group and write a passage about an animal in danger.

Exchange the passage with another group. Correct the passage.

Then stick the passages in the blackboard.

（设计意图：通过互相修改作文，学生不仅能发现自己的不足，也能发现别人的优点。）

Step 5　Summing-up

What do you learn in this class?

（设计意图：通过对所学内容的总结，学生在脑海里构建出完整的图式，使零碎的要点有了联系。）

Homework:

Make a poster about protecting animals.

Module 6 Animals in danger

Unit 2 The WWF is working hard to save them all.

（八年级上册 外研社）

<table>
<tr><td>Analysis of teaching material and students</td><td>The topic of this module is “Animals in danger”. Students are interested in this topic. And they are in Grade 8, so they have the abilities to express their opinion. It is good for their writing.</td></tr>
<tr><td rowspan="3">Teaching objectives</td><td>• Knowledge objectives
(1) Key words: research, situation, scientist, produce, government, nature, develop, symbol...
(2) Grammar structure: infinitive structures (infinitive as object complements and adverbials of purpose)</td></tr>
<tr><td>• Ability objectives
To train students’ reading and writing abilities.</td></tr>
<tr><td>• Moral objectives
Ask the students to protect animals.</td></tr>
<tr><td>Key and difficult points</td><td>• Master the grammar structure.
• Master a new writing pattern. （ reason–solution ）</td></tr>
<tr><td>Teaching methods</td><td>PSP
Task-based teaching method</td></tr>
<tr><td>Teaching aids</td><td>Focusky, video</td></tr>
<tr><td colspan="2">Teaching Procedures</td></tr>
</table>

续 表

Do at home （注：在家预习是PSP模式不可缺少的一步）	1. Puzzle word game. (situation, scientist, produce, government, nature, develop, symbol) （设计意图：字谜游戏通过英英互译、关键词填空等方式让孩子对即将遇到的新单词做到"心中有数"。对自己经过自学后还不甚了解的词汇，在课堂上可通过提问、互相学习等方式解决。） 2. Ask students to collect some information about pandas. (appearance; behavior; living situation) （设计意图：收集熊猫的相关信息，可为孩子们对本课的深度阅读打下基础。）
Prepare	T: Good morning everyone. Ss: Good morning, Miss Qi. T: I guess that everyone knows what we should talk about today. Ss: Yes, it is panda. T: There are only 1 600 pandas living in the world today. And pandas are fewer and fewer. So pandas are in danger. Do you have any information about pandas? (Mind map) Question 1: What does the panda looks like? S1: The tail is short. S2: Panda's body is about 150cm. Question 2: What do they like to do? S3: They like eating meat and flowers. S4: They like climbing and having a walk. S5: They like eating bamboo, and they eat as much as 84 pounds of bamboo each day. Question 3: Where do they live? S6: They live in the forests and mountains. S7: Some baby pandas live in research centers. （设计意图：准备环节的时间不宜过长，难度不宜过大。这样的设计旨在让每个孩子"有话可说"，不仅引出了"in danger"，还为课文提供了信息支撑，更提高了孩子们的课堂自信，有助于后面的教学。）
Study	T: Just now, you have done a good job. Now I have a question. T: If you want to write a passage about "Pandas in danger", what will you write? S1: I will write what they look like. S2: I will write what they like to do. S3: I will write why they are in danger. T: Good. Now let's enjoy this passage. And tell the others what you can learn from this passage.

续 表

Study	（设计意图：让孩子对文章的结构有个预设，为后面的写作输出做好铺垫。） T: Let's read the passage quickly and match the headings with the paragraphs. (Point out the new words on the screen.) T: Have you finished? Let's check the answer now. S1: *An animal in danger* matches Paragraph 1. T: How can you know this answer quickly. S1: Because the first sentence said "Pandas are in danger". T: Smart boy! Yes, the first sentence of one paragraph is always important. S2: *The panda's home* matches Paragraph 2. Because of the first sentence. S3: *Nature parks for pandas* matches Paragraph 3. Because I saw "nature parks" three times in this paragraph. T: Great. You found the heading by the keys words. S4: *WWF and animals in danger* matches Paragraph 4. Because of the first sentence and the key word. （设计意图：通过快速阅读了解文章大意，而且快速阅读本身就具有提高阅读效率、改善记忆力、集中注意力等诸多优点。是我们阅读环节不可或缺的重要途径之一。在快速阅读环节，穿插着给学生总结一些阅读小技巧，做到"技多不压身"。） T: Now, look at the activity 3 on page 45. T: OK, it is time to check the answer. S1: Scientists do a lot of research <u>to help pandas produce more babies and help baby pandas live</u>. S2: The government is setting up nature parks to protect pandas in the wild. S3: The WWF chose the panda <u>to be its symbol</u>. (the teacher show the symbol of WWF) S4: The WWF is working hard <u>to save all the animals</u>. （设计意图：通过刚才的快速阅读，可以帮助学生快速地定位所要回答的问题，二次阅读会让学生更加关注细节以及加深对句子的理解，这样的答案设计也成功引出这节课的语法结构。） T: Did you find a same part from the answers? Ss: Yes. They all have "to do". T: OK, let's enjoy a video about "to do". T: In the video, there are some small parts from the movies. Can you understand the sentences about "to do"? Can you feel what "to do" mean? S1: Yes， the man wants to catch the cat. Then he used "to do". S2: The girl wants to find the key to open the door. She used "to do". （设计意图：语法教学一直是英语课堂中较难处理的一个部分，在这种情势下微课应运而生。所以将微课和语法教学相结合，既活跃了课堂，又能

续 表

Study	让学生们学有所思、思有所出。） T: Do you remember I asked you a question at the beginning of the class? If you want to write a passage about "Pandas in danger", what will you write? Now after reading this passage. Do you have some new ideas? S1: We can write why pandas are in danger and how we can save them. T: Yes, we can call them reasons and solutions. Can you find the reasons and solutions in the passage? S2: The first reason is pandas do not have many babies, and baby pandas often die. The second is the situation. T: How to solve this problem? S2: Scientists are doing a lot of research. T: Good job. How about other reasons? S3: The bamboo forests are getting smaller. Pandas are losing their home. T: How to solve it? S3: The government is setting up nature park . T: Now you know the reasons and solutions. How does the passage put them together? You can choose a right way, A, B or C? Ss: A. T: Yes, reason A + solution A; reason B + solution B. You can use this way to write your passage later. （设计意图：这是对课文结构升华的一个步骤，一个深度阅读的过程。不再仅仅停留在文本的文意上，而是把一个新的写作结构（reason、solution）展现给了学生，并对其后面的写作给出指导。）
Production	T: Now it is your turn to write a passage about an animal in danger. T: There are 6 kinds of animals. You can choose one in random. Then work in your group. Every member can give information. And the leader write the passage down. The students work in the group and talk about the information. The students talk about how to put them together. T: Time's up. Now change your passage with your next group and check it. Then stick the passages in the blackboard. （设计意图：通过互相修改作文，学生不仅能发现自己的不足，也能发现别人的优点。） T: On the blackboard we found every group has written a whole passage. It is good. And you can use what we learned in this class. For example: the new words, "to do" and "reason、solution". But some students' sentence is too simple and use one structure too many times. We can correct this kind of mistake next time.

续 表

Summing-up: T: What do you learn in this class? S1: I learned some new words :research; scientist; symbol... I know the meanings of them. But I don’t know the meaning of develop. T: I am happy you learned much. For the meaning of develop， let’s watch a video together. （设计意图：在英语的学习中，猜单词意思是一个必要的技能。所以单词放在后面处理，就是希望学生在这节课中不断地接触相关单词的语境，进行猜测。最后，如果有的单词实在猜不出是什么意思来了，再通过传统的视频和图片等方式进一步学习。） S2: I learned a new way to write passage. S3: I knew we should protcct thc animals. They are our friends. T: Yes, you are a kind student. Everyone should learn from you. Are there anything? S4: We learned “to do” in this class. T: Yes, from the small video. In a short， you really have done a good job in this class.
Homework: Make a poster about protecting animals.

孙宁秋

孙宁秋，女，1991年出生，2013年本科毕业后开始参加工作，小学一级教师，2013—2016年在六安毛坦厂学校任教。在三年任教期间，她吃苦耐劳，勇于挑重任。

2016年9月考入合肥市行知学校。开始在初中部任教，担任两个班的教学。由于从小学部转入初中部，对教材不是很熟悉，因此，她拜老教师为师，深钻教材，虚心求教，主动积极拓展各方面能力，参加各种写作比赛，连续获得读书心得奖励，以及“四有”教师心得二等奖。同时带领学生参加校内以及市级比赛，本班学生在单词拼写大赛中获得一等奖。

虽然已任教五年，但是仍然在学习中，仍然在向更优秀的自己努力。希望自己可以在行知这个优秀人才云集的集体中赢得自己的一片天地。

Module 6 A trip to the zoo

Unit 1 Does it eat meat?

Teaching model

Listening and speaking

Teaching method

PSP Teaching Approach

Teaching aims

By the end of this class, students will be able to:

1. find specific information in the listening.
2. recognize the third person singular endings–s.
3. ask and answer questions about animals.
4. enable students to talk about animals.

Teaching objectives

Key vocabulary: bear, elephant, giraffe, lion, monkey, panda, tiger, zebra, zoo, guide, animal, such as, come, different, country, other, dangerous, ugh, also, plant, look, tall, leaf (pl. leaves), sure, bamboo, cute, shall, them, which, over, funny, call

Key structures

1. — That's a giraffe. — Yes, and there are some giraffes.
2. —Do lions eat meat? —Yes, they do.
3. —Does it eat meat? —No, it doesn't. It eats plants.
4. —Do pandas eat plants and leaves? —Sure. They love bamboo.
5. Shall we go and...?
6. That's very funny.

Teaching aids

Tape recorder, OHP, video, a clock

Teaching Procedures

Step 1　Preparation

1. Lead in

T: Hello, boys and girls!

Ss: Hello, Mrs Sun.

T: Today, we are going to learn *Module 6 A trip to the zoo*. Have you been to the zoo?

Ss: Yes.

T: Do you know Beijing zoo?

S1: Yes, I went there last year. I saw many animals...

S2: ...

T: OK. Today I'll take you to visit Beijing zoo. Are you happy?

Ss: Yes.

T: Please look at the screen and get to know some information about Beijing zoo.

Ss: ... (Look at the screen and try to know some information about it.)

2. Show some pictures to ask and answer: What can you see?

3. Call back the answer from the whole class and check the answer.

Step 2　Study

I Practice

1. Show some pictures of the animals.

2. Introduce the new words.

3. Look at the pictures. Ask and answer: What can you see?

4. Call back the answers from the whole class and check the answer.

5. Read the words.

II Work in pairs

1. Listen and check "√" the words in Activity 1 you hear.

2. Now work in pairs and say what you can see.

—That's a giraffe.

—Yes, and there are some giraffes.

III Listen and read

1. Ask the students to read the conversation silently.

2. Play the recording and ask the students to listen and read the conversation.

3. Read the conversation.

4. Act it out.

5. Ask the students to complete the table in Activity 3.

6. Call back the answer from the whole class and check the answer.

IV Underline the correct words

1. Ask the students to read through the passage.

2. Underline the correct words.

3. Call back the answer from the whole class and check the answer.

V Listen and repeat

1. Play the recording once without stopping.

2. Play the recording again and stop at the end of each line. Ask the whole class to repeat.

3. Play the recording again and stop at the end of each line. Ask individual students to repeat.

4. Ask the students to practice the sounds in pairs.

VI Listen and choose / s/ or / z /

1. Play the recording once without stopping.

2. Play the recording again and stop at the end of each line. Ask the whole class to repeat.

3. Play the recording again and stop at the end of each line. Ask individual students to repeat.

4. Ask the students to practice the sounds in pairs.

Step 3 Production

Work in pairs. Talk about your lessons.

1. Go through the language in the substitution table with the class.

2. Ask and answer in pairs.

A: What's your favourite animal? Does it eat plants?

B: Yes, it does.

A: Does it come from China?

B: Yes, it does.

A: Is it the panda?

3. Circulate and monitor their production.

Step 4　Homework

1. Learn the new words by heart.

2. Read and act out the dialogue.

韦利娟

韦利娟，英语专业毕业，本科学历，英语专业八级、剑桥商务英语中级。毕业以来，一直从事英语教学工作，认真将理论知识和教学实践相结合，先后获得“省级优质课”“市级优质课”。在日常的教学工作中，她认真准备每一节课，精心准备课件，努力让课堂变得生动活泼；课上，她仔细讲解，力求能够覆盖每一个学生；课下，她耐心辅导，认真批改作业，还时常给学生写上几句鼓励的话语；下班后，她还坚持每天看点课外书籍，听孩子们喜欢的歌曲，希望和孩子们拉近距离。

教育感言： 静心教书，潜心育人。路漫漫其修远兮，吾将上下而求索。

Module 6 Animals in danger

Unit 2 The WWF is working hard to save them all.

Lesson type

Reading

Teaching method

PSP Teaching Approach

Blackboard design

Key words and sentences in PPT

Teaching aims

By the end of the class, the students will be able to:

1. Master the key words and expressions in Unit 2.
2. Learn more about the use of verbs that are followed by an infinitive.
3. Cultivate their ability of creation.

Teaching key and difficult points

1. Key words and expressions:

research, situation, produce, in order to....

2. Key sentences:

The WWF is working hard to save them all.

Scientists are doing a lot of research to help pandas produce more babies.

It chose the panda to be its symbol.Etc.

3.How to master the basic use of verbs that are followed by an infinitive.

Teaching aids

PPT, pictures on the Internet, videotape

Teaching procedures

Step 1 Preparation

Revise Unit 1 by asking them to read the dialogue in pairs, then show some information about WWF for them to understand more. Enjoy a poem. At last, say what you know about pandas to finish Part 1.

Step 2 Study

I Introduction

1. Learn new words and read them together,especially, pay attention to their pronunciation.

2.Without showing the English spelling or Chinese meaning,have a quick test.

II Reading

1. Read each passage quickly, choose the best title for them and check answers.

2. Read it carefully to complete the questions designed before class.

3. With the help of their teacher, read each passage together, then freely, at last, ask some of them to read each passage. Encouragement should be given.

4. Read again, answer more questions designed before class. Then complete Part 3.

III Video

Enjoy the video in Part 2

Step 3 Production

I Complete the passage

Read again and complete the passage in Part 4, check answers.Read it together.

II Writing

1. Choose an animal in danger and answer the questions in Part 5.

2. Write a passage about an animal in danger.

III Exercises

Do some exercises in class to consolidate what they have learnt in this lesson, encouragement should be given.

Step 4 Homework

1. Discuss how to protect the animals around you with your partners. Write your advice down to share with others.

2. Read Unit 2 skillfully.

张 莉

张莉，师范教育专业本科毕业，学士学位，中共党员，中学二级教师，具高级中学教师资格证。2013年毕业后她一直任教于合肥市行知学校，担任初中英语教学兼班主任工作，是九年级备课组组长。她热爱教育事业，工作认真，2016年带领学生参加瑶海区单词听写大赛和电影配音大赛分别获得特等奖和一等奖，2017年参加瑶海区课堂教学评比并获得一等奖，同时被评为瑶海区优秀教师。

在工作中，她注重对教学方法的探索，对教育方式的研究；课堂上，她寓教于乐，尊重、信任学生，营造轻松活泼的氛围，展现课堂的无穷魅力。她注重与学生的互动交流，并力图将口语教学与传统的语法教学相结合，真正提升学生的英语综合素质和水平。在班级管理中，她以爱心感染学生，以真诚感动家长。

If you think you can， you can!

Module 9 Friendship

Unit 2 I believe that the world is what you think it is.

Teaching aims

1. Language focus:

By the end of this class, students will be able to:

(1) Understand the story about friendship.

(2) Understand the sequence of the main events.

(3) Write a short passage about friendship.

2. Emotional aims: Students will be able to be friendly to others and cherish the friendship.

Teaching methods

PSP Teaching Approach

Teaching points

1. Key vocabulary: include, trust, treasure, in silence, stick together like glue

Key structures: I think/ believe that ...

2. Function: Talk about friendship.

3. Grammar: Objective Clause.

Teaching difficulties

Enable the students to gain the importance of friendship.

Teaching procedures

Step 1 Preparation

1. Play the video of many smiling faces and ask the students how they feel when they see these.

2. Show some pictures of different emotions: angry, mad, sad...and ask them how

they feel when they see these.

3. Then ask them, which do they like? Do they like smiling?

4. At last, get the fact: Everybody likes smiling. And the opinion: Smiling can make you happy/relaxed/comfortable...

Step 2 Study

I First reading

1. Scan the story and think about the question: Where can you read the story?

2. Do a prediction: Share a story about how a smile change one's life. Ask students to ask the questions what they want to know about the story.

3. They maybe want to know: Who is the main character? When did the story take place? Where did the story take place? What happened? Why is it called A beautiful smile?...

4. Then tell them to read the passage quickly to find these facts.

5. Fill in the blanks with the 5 wh-facts.

II Second reading

1. Ask them how to write a story, let them talk about their thoughts.

2. Tell them we need to write a story in time order.

3. Read the story again and find the facts in time order.

4. Then fill in the blanks about the facts.

III Third reading

1. Read the story and find why the writer named the story a beautiful smile.

2. From this story, what can you learn?

A. Smiling can make you healthier.

B. Smiling can bring you more friends.

C. Smiling can make you wealthier.

3. How could you know that from the passage?

4. Fill in the blanks about the writer's opinions.

Step 3 Production

I Make a conclusion

Conclude what we have learned today. Let them know the writing skills: First, focus on the basic facts: 5 wh-questions. Then, pay attention to the writing order. At last, don't forget what you are trying to tell others.

II Enjoy the song

III Writing

Write your story that took place between you and your friend.

Step 4　Homework

Find a story about friendship, read it and share it with your friend.

Mind map design

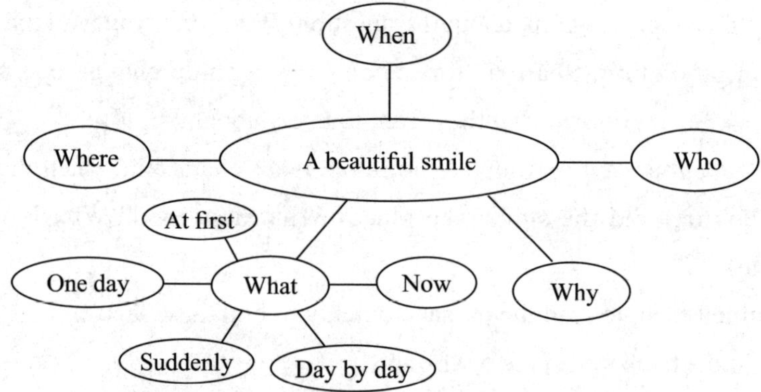

刘晓杰

刘晓杰 ，中学英语教师，两届微课比赛省级一等奖，合肥市网络兼职教研员，所撰写的论文多次获得市级奖项，多次辅导学生演讲比赛获奖。

自2005年毕业就开始了初中英语教学工作，有收获也有教训，在成长中不断磨砺自己。他不仅致力于让学生获取知识，更关注的是学生智慧的增长。看到学生们战胜恐惧，找到善良和爱是其最幸福的一件事。

自勉：关注学生，更关注生命，为了这个理想我将继续前行，倍加努力。

学科模式

Analysis of teaching material and students	Students have difficulty in learning vocabulary which is the basement of English learning. It's also easy to find many learners learning vocabulary in a wrong way. So this lesson could be very useful and helpful for them.
Teaching objectives	• Knowledge objectives Different meanings of words, such as: point, hold, book.
	• Ability objectives 1) To understand the differences between main meanings and metaphorical meanings of words. 2) To distinguish between Chinese and English vocabulary.
	• Moral objectives To get more interested in foreign culture and foreigners' ways of thinking.
Key and difficult points	• The difference of learning Chinese and English vocabulary.
Teaching methods	PSP Task-based teaching method
Teaching aids	PPT, video, handout
Teaching Procedures	
Preview the handout	Complete the table in the handout. (point, hold, book) （设计意图：挑选几个看似平常的单词让学生写出其词义，为接下来的词汇教学作铺垫。） （注：此阶段由学生提前完成）
Prepare	T: Hello everyone. Ss: Good afternoon, Mr Liu. T: Look at the handout. Do you know what we are going to learn today? Ss: Yes, words. T: The words I asked you to preview look so easy. I believe everybody did a good job. Could you show your handout to each other and have a look?

续 表

Prepare	Question 1: Who did the best? Why? S1: Jack did the best. He can list many meanings of these words. S2: Lisa could write down 4 different meanings of "hold". She can also make sentences with them. Question 2: It is clear that English words have many meanings. But what about Chinese? Could you example? S3: 扇—扇子—扇风 S4: 电—电灯—电鱼 T: Well done! Now let's make it clear to know how to learn and how they are different. （设计意图：首先检查预习任务，引导学生养成自觉预习的习惯；布置任务让学生互相学习发现对方的优点，引导学生思考英语词汇中一词多义的现象；再让学生对汉语和英文进行比较，促进不同语言之间的正迁移。此环节旨在消除学生对于新知呈现的陌生感和恐惧感，学生也有话可说，提高自信。）
Study	T: Everyone know learning vocabulary is important. Now look at the blackboard. What do you think of it? Ss: (laugh) T: The writer must be afraid of nothing! You may know how I feel when checking it. So how to check it? Ss: Change China into Chinese, add do in front of "not", C in "china" must be a capital. T: Good. It is easy to recite but hard to use English words. He can recite some words, but it doesn't mean that he can understand and use them. （设计意图：呈现错误百出的作文让学生去修改，引导学生去思考：仅仅背诵单词不足以学好英语，为何？引出关键问题：Why is it difficult? How to learn it?） T: What does shot mean? (Show a GIF picture on the screen.) Ss: A 3-point shot. T: Right! In Chinese point means ...? Ss: 分。 T: Some students think point means 分. Is that true? Look at the blackboard. ... What can be translated into 分? Ss: Point, mark, grade, cent, percent and divide. T: Great. One Chinese character, many English words. Let's make a change, if there is only one English word. T: You can have a talk and then tell me the meanings of hold. ... Are you OK? Let's check!

续 表

Study	Ss: 把好门；抱紧我胳膊；我有不同看法；…… （设计意图：以汉字“分”为例，让学生明白中英文并非对等关系，同一个汉字根据语境有不同的翻译。同理，以单词hold为例，同一个单词在不同语境中有不同的意思。） T: Just now I used two words. Now we just use one, book. If you look up English and Chinese dictionaries, you will find this. Take a look. T: OK, it is easy to find the same and different point. When I join the two circles together, you will find where we often make mistakes. Find it? Ss: Our mistakes often take place in the differences between Chinese and English. T: Exactly. This is only about the meaning. Next is the usage of a word. Can you use book to complete the sentences? Some tourists are ________ in at the Hilton. I've ________ you a flight on Saturday. The flight was already fully ________. No more seats were available. The government will examine this company's ________. Chemistry is a closed ________ to me. Now work in pairs. T: Time up. Can anyone show me your answer? Ss: (Read out their answers.) T: Is he/she right? （设计意图：将上部分进行深化，利用字典截图让学生明白，即使是众所周知的book与书其实也不对等；接着让学生根据不同的语境使用book的不同形式完成练习，引导学生不仅要关注词义，也要关注词的变形。） T: In fact, there are many differences between Chinese and English. Maybe Uncle Sam and Dufu can help us. Uncle Sam: Let's go shopping tomorrow, shall we? Dufu: 我看书。 Uncle Sam: What are you busy doing? Dufu: 我看书。 … T: Why can 我看书 answer so many questions? S1: Because ... T: I agree with you. We Chinese don't pay attention to the time tense, but the English do.

续 表

Study	（设计意图：中国式英语问题主要源自学生用汉语思维方式来代替英文，而本环节就是在探讨汉语思维和英语思维的区别，帮助学生从思维角度去发现并理解问题，最终找到解决问题的方法。使用Sam大叔和杜甫的趣味问答也让学生学得轻松自然、兴趣盎然，同时杜甫简单的回答产生一种反差，引发学生思考。） T: In your daily study, do you find any more difference between them? Ss: Food. Conversation. Festival. T: Yes. Many foreigners say Chinese is the most difficult to learn. Let's look at an example. Dufu: 人皆爱美—美女来了—想得美—美国佬。 T: We can find美 in each part. They look the same, but what? Ss: They are different. T: Good job. The Chinese character never changes. But English does. Can you use English to replace 美？ S3: Beauty *n*. Beautiful *adj*. Beautifully *adv*. T: They look like transformers! Remember to transform. （设计意图：延续上文进行对中英文的区别。一个“美”字在中文中永远不变，而在英文中却有多种变化。引导学生得出结论：中文汉字无变化，而英文一词多变。到这里教师讲授学生学习部分已经完成，黑板上归纳了若干中英文词汇学习的区别点，为下面的实践练习打好基础。）
Production	T: Differences cause mistakes. Let's correct the mistakes. It will be less difficult when you know the differences. T: *Teach our English.* This is <u>Chinglish</u>. How to correct it? Ss: *Teach us English.* T: Great. We Chinese don't pay much attention to 我 and 我的. For example, 我朋友 means 我的朋友. But we don't mean our or us in English. Questions: *Improve we healthy* *Talk what you like* *They are pleased with your grow.* *Have a closed friend* *Don't worry about difficult.* The studeuts work in pairs to work for answers and check them. Teacher will help correct if necessary. T: Not only differences but also similarities cause mistakes. Heart and mind have a lot in common. Look at the table, can you help me?

续 表

<table>
<tr><td>Production</td><td>The students complete the table on the handout then check with partners. Teacher will help if necessary.
Question: Home—Family—House
（设计意图：学生通过互相合作，讨论并解决问题巩固本节课所学知识，弄明白词汇之间的区别和相似点都可能产生错误。）
T: I choose some words from your vocabulary booklet. But there is only the meaning and the first letter, can you guess it out? Write your answer!
Questions: C________
v. 财富，财产，资金
Adj. 大写的
Adj. 首都的
n. 首都，省会
T: It doesn’t matter if you can complete all the questions. I just care how and how hard you learn it.
（设计意图：使用中考考纲词汇表进行练习，有的放矢进行中考复习，让学生知道如何理解单词并使用词汇表。呈现单词时先出现引申义，再逐渐呈现学生较熟悉的词义，旨在激发学生的联想能力，锻炼学生思维的敏捷性。）</td></tr>
<tr><td colspan="2">Summing-up:
T: What do we learn in this lesson?
Ss: Vocabulary learning.
T: Right. Why is it difficult? How to learn it? I believe you get the point. Hope you can be harder and smarter to learn English, especially the vocabulary.
（设计意图：总结归纳本课：中文对于数量关系词性主被动和时态方面要求不严格，而这几个方面却是英文中必须有的；中英文不能完全对等，很多时候双方只是部分重合。）</td></tr>
<tr><td colspan="2">Homework:
The handout and vocabulary booklet.</td></tr>
</table>

初中道德与法治

教研组

初中道德与法治教研组

初中道德与法治教研组研讨课堂模式

初中道德与法治教研组简介

初中道德与法治教研组是一支年龄结构合理的队伍，既有丰富的教育教学经验，又有充满朝气、昂扬向上的精神面貌。

这是一个爱岗敬业、开拓进取的集体，这里有全国优秀教师、省市区各级优秀教育工作者、优秀党员、优秀班主任、优秀教师，获得过各级各类比赛一等奖。

这是一个教科研氛围浓厚、教育教学成果突出的教研组，所教学生的中考成绩多年名列全市前茅。

这就是，合肥市行知学校道德与法治教研组。

“四维”课堂教学模式

根据《国家中长期教育改革和发展规划纲要（2010—2020年）》和行知学校构建“幸福课堂”的要求，我校道德与法治组将《思想品德》（《道德与法治》）课模式设置为“四维”课堂教学模式。“四维”指的是常态课堂所具备的四个参数四个环节：感悟探究环节、感性认知环节、感知归纳环节、感情升华环节。“四维”课堂模式就像四维彩超一样，它可以让我们体会到《思想品德》课堂的一举一动和跌宕起伏。

一、理论来源

（1）《国家中长期教育改革和发展规划纲要（2010—2020年）》是21世纪我国第一个中长期教育改革和发展规划，《纲要》提出“优先发展、育人为本、改革创新、促进公平、提高质量”的工作方针，“坚持以人为本、全面实施素质教育”的战略主题。

（2）建构主义学习理论

与建构主义学习理论以及建构主义学习环境相适应的教学模式为：“以学生为中心，在整个教学过程中，教师起组织者、指导者、帮助者和促进者的作用，利用情境、协作、会话等学习环境要素充分发挥学生的主动性、积极性和首创精神，最终达到使学生有效地实现对当前所学知识的意义建构的目的。”

根据《纲要》的精神和行知构建“幸福课堂”的要求及建构主义学习理论，每一位道德与法治教师都需要改变传统思想道德与法治课堂“满堂灌”的教学方式，让学生在课堂上“敢说”“会说”“说得精彩”，真正达到“学生动起来，课堂活起来”的目的，使得整个教学过程焕发出应有的生机与活力，提升学生的学习兴趣和主动性，使思想道德与法治课成为激发学生不断进取探究的乐园。

二、基本环节

1. 感悟探究环节（5分钟）

此环节基本操作分两部分：

（1）学生素材积累。

平时引导学生创建知识储备资源库，包括时事热点材料、奇闻轶事、小品漫画、道德楷模事迹（如感动中国人物介绍）等，到上新课时随时引用。常见操作模式如：课前安排小组代表准备新闻（主要是国内新闻、要简明扼要）两到三条并进行加工，使新闻消息既短小精悍又准确真实，在课堂利用3分钟时间完成播报； 比如在讲科教兴国、科技创新时，可以引导学生搜集天河二号超级计算机，习主席参观中国科技大学等图片、资料。

设置目的：既能拓宽学生们的知识面，又能使教材内容变得生动而有趣，激发学生们的学习兴趣。

（2）教师创设教学情境。

结合教材“探究园”“运用你的经验”等设置，在每一节课的开头，教师精心创设教学情境，如小品展演、故事会等，不但可以使学生所学的问题具体化、形象化，而且能激发孩子热爱生活的情感，使提高学生的学科素养具体落实到教学的每一个环节。

设置目的：结合本学科特点，引导学生观察社会、关注生活并热爱生活，进而培养和提高中学生的道德与法治学科核心素养。

2. 感性认知环节（25分钟）

此环节基本操作分三部分：

（1）呈现目标、重点难点。

教师将三维目标问题化、具体化、过程化，以多媒体或展台的形式呈现给学生，使学生明确学习所要达成的目标，准确掌握学习重点和难点。

设置目的：帮助学生将学习内容问题化、具体化，明确学习的方向。

（2）导航探究，自学检测。

具体化的目标、重难点问题导航引领学生完成自主学习探究，在自学过程中自己不能独立解决的问题，可借助于4~6人小组的力量合作完成，要求学生做到“三真”，即“真自学、真思考、真合作”。

设置目的：培养和锻炼学生的自主学习能力、合作学习能力；增强学生对新学知识的感性认识，初步构建新学知识的思维导图；提高学生自我认可、自我欣赏的意识和能力；增强学生的效率意识，养成交往中倾听、接纳、欣赏他人的良好行为习惯；从而使学生形成正确的竞争和合作意识和能力，学会在竞争中合作，在合作中竞争，实现双赢和多赢。

（3）合作交流、互助解疑。

教师结合上一环节课堂的实际情况，并在学生交流和展示过程中进行二次备课，及时发现学生学习过程中存在的普遍性问题，引导学习小组先在小组内讨论、交流、展示；接着通过案例分析、情境体验、动手实践等方式引导学生再进一步讨论交流，达成共识后在全班由小组代表进行展示。具体做到“三有”，即“有趣味、有过程、有收获”；采取的方式可以是个人展示、互助解疑，组别展示、互助解疑，求助学生、助师解疑，但要灵活运用，不能面面俱到。

设置目的：在培养学生上述能力和行为的基础上，进一步使学生形成正确的竞争和合作的意识和能力，学会在竞争中合作，在合作中竞争，实现双赢和多赢；培养学生的质疑解疑能力、创造性思维能力，使学生敢于质疑、敢于挑战，并在质疑挑战中能够有所发现、有所创新、有所创造。

3. 感知归纳环节（5分钟）

此环节基本操作分两步：

（1）知识构建。

结合板书归纳本课的重要知识点：“是什么”“为什么”“怎么样”。

引导学生自主建构知识的内在联系图表，可以是本课新学“知识树”的架构，也可以是综合“新旧”知识的思维导图的创建。

设置目的：通过知识构建可以培养学生的综合归纳能力，提高获取新信息、新知识的能力，不仅培养了学生的动手能力，还增强了学生对本节课知识的理解和对知识体系关联性的掌握。

（2）当堂练习。

设置目的：

① 通过训练，强化记忆，巩固知识，准确地把握学生的学习情况。

② 进一步培养学生分析问题、解决问题的能力。

4. 感情升华环节（5分钟）

《道德与法治》不同于其他科目，它的主要任务之一还在于培养孩子的思想道德修养。

基本操作：辅之以背景音乐、诗歌朗诵等，教师营造良好课堂氛围，并请学生结合自身有针对性地谈谈自己的认识、看法及感悟。

设置目的：一方面使课堂跌宕起伏；另一方面升华孩子们的情感、态度和价值观，还加强学生对本节课知识的理解和掌握。

三、教学策略

1. “情境—陶冶”教学策略

“情境—陶冶”教学策略（即暗示教学策略），由保加利亚心理学家洛扎诺夫首创，这是一种主要用于情感领域教学目标的教学策略。

我们运用此策略主要有以下几个步骤：

（1）创设情境——教师通过语言描绘、实物演示和音乐渲染等方式或利用教学环境中的有利因素为学生创设一个生动形象的场景，激起学生的情绪。

（2）自主活动——教师安排学生加入各种游戏、唱歌、听音乐、表演、操作等活动中，使学生在特定的气氛中积极主动地从事各种智力操作，在潜移默化中学习。

（3）总结转化——教师通过启发总结，使学生领悟所学内容主题的情感基调，达到情感与理智的统一，并使这些认识和经验转化为指导其思想、行为的准则。

2. 抛锚式教学策略

约翰·布朗斯福特是抛锚式教学理论的主要代表人物。由于抛锚式教学要以真实事例或问题为基础（作为“锚”），所以有时也被称为“实例式教学策略”或“基于问题的教学策略”。

根据理论，结合实际，我们运用此策略主要有以下几个步骤：

（1）创设情境。

（2）确定问题。

（3）自主学习。

（4）合作学习。

四、我们的愿景

在“四维”课堂教学模式中，课堂是学生学习的舞台，教师是导演，学生是演员是主角。教师发挥主导作用，诱学生学习、思维，导学生探究、发现并创新思维。课堂是学生学习、思考、探究、合作、发现、创新的场所，学生是课堂的主人，是学习的主人，是学习的主体。

五、我们的打算

“四维”课堂教学模式对老师的要求：

（1）增加亲和力，培养民主平等和谐的课堂氛围。

（2）加强互动，把课堂交给学生。

（3）充分信任学生，让学生充分展示。

（4）全面结合生活和社会实际。

（5）从学生角度提出问题，让学生自己找出答案。

参考文献

《国家中长期教育改革和发展规划纲要（2010—2020年）》。

毛　丽

毛丽，中学《道德与法治》教师，热爱教育事业，关爱学生，曾获得宿州市优质课课堂教学评比一等奖，安徽省信息技术与整合课例大赛三等奖，合肥市瑶海区教育教学信息化大赛二等奖和安徽省一师一优课“省优”等荣誉。

从教的道路虽任重道远，但不懈努力、不停探索仍是她不变的追求。她不奢望每个孩子都能出类拔萃，只希望每个孩子都能凭借自身的努力，让自己的生命绽放光彩！

《尊重　自由　平等》教学设计

第一框　自由平等的真谛

第1课时　无法治不自由　教学设计

【教材分析】

本单元是本教材的最后一个单元，它将自由平等、公平正义与法治精神融合在一起。本节课主要阐述自由与法治的关系，指出无法治不自由；法律面前人人平等是社会主义文明进步的标志，任何组织和个人都没有超越宪法和法律的特权，帮助学生树立规则意识、法制观念，增强公民意识，从而完成课标要求。

【学情分析】

近年来，有些青少年受到一些社会消极因素的影响，他们的法制意识淡薄、思想跳脱自由，是非观念还未形成。因此，帮助学生了解法治与自由的关系十分重要。本节课将引导学生知晓自由是法律之内的自由，增强法治观念，对学生进行法治教育，引导他们以正确的方式追求自由。

【教学目标】

（1）知识目标：学生了解自由的价值；理解自由在法治意义上的内涵及表现；知道法治与自由的关系。

（2）能力目标：学生通过辨别、分析，体会自由的局限性和相对性；理解法治是对自由的保障，树立法治意识。

（3）情感、态度与价值观：崇尚在法治范围内的自由；增强学生法治意识，树立法治观念，做一个富有法治精神的人。

【教学重难点】

（1）教学重点：学生明白、明确真正的自由是法律之内的自由。

（2）教学难点：学生明白法治是实现自由的保障。

【教学方法】

讨论法、探究法以及多媒体辅助教学相结合。

【教学过程】

（一）导入新课

观看视频：播放电视剧《人民的名义》中的一个片段。

（观看视频前先看一张图片：一大堆百元大钞）

老师引导，问：喜欢吗？如何获取？如果这些钱是通过贪污受贿得来的，会导致什么后果？然后观看视频。接着总结：贪官最终落入了法网，同时也意味着失去了人身自由。那么，自由和法治到底有什么关系呢？

导出课题：无法治不自由。

（此环节设计目的：引导生初步体会触犯法律将失去自由）

（二）新课学习

1. PPT展示图片，学生观看。

2. 老师设问：鸟儿渴望飞向蓝天的自由，骏马渴望奔向草原的自由，那你们渴望自由吗？（预设：渴望）为什么？

（学生思考后以举手的方式作答）

3. 学生作答后老师总结：（自由的价值）

（1）对个人：拥有自由，能激发个人的创造活力，增强幸福感。

（2）对社会：推动社会的进步与繁荣。

活动一：自由的限度

1. PPT展示图片

（1）观察图片，说说从两幅图中，你看到了什么样的不同景象？分别会带来什么结果？

（图一：混乱不堪→拥堵难行　图二：井然有序→自由行驶）

（2）比较两幅图片中呈现的情景并思考为什么会这样。

（3）学生举手作答。

过渡：为什么需要限制才能拥有自由呢？

（4）老师引导学生思考：如何理解自由的限度。

2. 教师总结

（1）自由不是为所欲为，它是有限制的、相对的。

（2）必要的限制是对自由的保护，无限制的自由只会走向自由的反面，导致混乱与伤害。

活动二：自由的含义及在法律上的体现

1. 漫画欣赏

2. 讨论

在现实生活中，我们若想享有自由，需要遵守哪些规则？这些规则在网络生活中要不要遵守？(提示：法律、道德、纪律)

- 出示相关法律规定：《网络安全法》第十二条第二款任何个人和组织使用网络应当遵守宪法法律，遵守公共秩序，尊重社会公德，不得危害网络安全……

3. 教师小结

无论现实世界还是网络空间，自由都是法律之内的自由。

过渡：那什么是法律意义上的自由呢？

4. 教师总结知识点：自由在法律意义上的含义及体现

（1）含义：自由主要指人们在法律规定的范围内，依照自己意志活动的权利。

（2）在法律上的体现：自由就是我们享有的和正当行使的各项权利。

活动三：自由与法治的关系

1. 观看视频《法治中国》，了解法治相关内容

（1）说一说：什么是法治？我们国家为什么要实行法治？

学生思考后，教师出示课件：

含义：法治就是依法对国家和社会事务进行治理，强调依法治国、法律至上，要求任何组织和个人都要服从法律，遵守法律，依法办事。

原因："奉法者强则国强，奉法者弱则国弱。"法治助推中国梦的实现，是实现社会稳定、国家长治久安的必由之路。

（2）小组讨论并派代表发言：自由与法治是怎样的关系。

2. 教师在学生回答的基础上做出小结：自由与法治的关系

（1）法治与自由相互联系，不可分割。

（2）法治标定了自由的界限，自由的实现不能触碰法律的红线，违反法律可能付出失去自由的代价。

（3）法治是自由的保障，人们合法的自由和权利不受非法干涉和损害。

（4）法治既规范自由又保障自由。

3. 欣赏视频：社会主义核心价值观对自由的解读

（三）课堂小结

师生共同回顾本课知识点。

（四）小试牛刀

检测本课所学。

（五）欣赏歌曲

欣赏歌曲《像梦一样自由》，以此鼓励学生以正确的方式追求自由。

板书设计

袁玉霞

袁玉霞，硕士研究生，在教学工作中遵循“爱与尊重是教育的出发点”。以爱心感染学生，以真诚感动家长。对待学生如同自己的孩子一般，用爱心包围着班上的每一个孩子。

人生格言：倾注心血的爱能使孩子们早日绽放，让我们用自己的行动和自己的心去教育孩子。

粤教版七年级上册第三单元第一课

《化解“爱的冲突”》教学设计

【教材分析】

《化解“爱的冲突”》是粤教版《思想品德》七年级上册第三单元第一课。教材主要围绕学生怎样正确处理与父母的关系、学会与父母进行有效沟通而展开。因此，本课主要内容就是帮助学生学会正确处理与父母的冲突，这对学生个人成长具有特别重要的现实意义。

【学情分析】

初中学生正处在青春期，自我意识和独立意识正在逐步增强，逆反心理较明显。他们对父母的依赖感降低，不希望父母管教自己，以代沟为借口不愿与父母沟通，这样极易与父母发生误解、冲突，导致双方关系疏远或紧张。若不及时加以妥善引导和解决，不利于孩子们健康成长。

【教学目标】

1. 知识与能力

引导学生认识生命是父母赋予的，体会父母为养育自己付出的辛劳。知道孝敬父母，能够尊重父母。学会与父母平等沟通，学会换位思考，正确认识与父母之间的矛盾，克服“逆反”心理。

2. 过程与方法

学生通过实话实说、毛毛的体验等环节，学会与父母沟通。

引导学生学会换位思考，掌握化解与父母之间冲突的方法，更好地改善亲子关系。

3. 情感、态度与价值观

引导学生学会爱，学会理解，学会感恩。要爱自己的父母，尽己所能孝敬父母。学会与父母沟通，掌握化解与父母之间冲突的方法，更好地改善亲子关系。

【教学重点】

学生学会化解“爱的冲突”的方法。

【教学难点】

学生明白“爱的冲突”的原因。

【教学方法】

讨论法、小组合作探究法。

【教学过程】

（一）导入新课

老师：同学们，我们一起欣赏阎维文的歌《母亲》，同时观看课件，并思考为什么会出现这样的情景，可以避免吗。

学生：（略。）

（过程指导：教师注意引导学生的角度，从父母和子女的角度来回答。）

老师总结：从阎维文演唱的《母亲》这首歌中感受到母亲对自己的养育，对自己深深的爱，以及对母亲深深的眷恋。家是爱的港湾，家里的矛盾易产生也易解决，关键看我们怎么对待。今天我们就来学习如何化解“爱的冲突”。

（设计意图：激发学生学习这节课的兴趣和学生的求知欲。）

（二）师生互动，互助解疑

老师：课件展示教学目标，教学重点和难点。

（设计意图：此环节主要让学生知道《化解“爱的冲突”》这节课的教学目标和重点、难点，使所学的内容问题化、具体化，从而使学生明确学习的方向。）

第一环节：课件展示，自学检测

（设计意图：此环节主要是对《化解“爱的冲突”》这节课内容的感性认识，培养和锻炼学生的自主学习能力、合作学习能力，从而使学生形成正确的竞争和合作意识，学会在竞争中合作，在合作中竞争，实现双赢和多赢。）

第二环节：实话实说

老师：说说你和父母的一次冲突，并分析产生冲突的原因。

（过程指导：引导学生多方面思考，同时鼓励学生积极参与。）

学生：（略。）

老师总结：（课件展示。）

老师：当你与父母发生冲突时，你心里是怎样的感受？

学生：（略。）

老师：因为种种原因，导致了子女与父母之间的冲突。老师想问问同学们，当你与父母发生矛盾冲突时，你有什么感受？

学生：伤心，难过，感觉父母不尊重自己。

老师：回答得真好，真情流露，你们想听听父母的真实感受吗？

学生：想。

老师：（展示课件。）

老师：这是老师的心里话，因为老师也是一位妈妈。从父母的心声中我们感受到，当我们与父母发生冲突的时候，父母也很难过，因此伤害是双方的，请看课件。

第三环节：寓言故事

学生分小组交流讨论，并汇报成果。

老师总结：同学们理解得真不错。每个人的心，都像上了锁的大门，任你用再粗的铁棒也撬不开大门。沟通要从心开始，理解，才是打开别人心锁的钥匙，与父母的沟通亦如此。

老师：同学们，你了解自己的父母吗？你知道父母的生日吗？你知道父母最大的优点和长处吗？你知道父母最大的爱好吗？你知道父母现在最大的愿望吗？你知道父母现在最大的苦恼吗？

学生：（略。）

老师：从同学们的回答中，老师感受到了，绝大多数同学对父母的了解很少。其实我们应该向毛毛学习。

第四环节：毛毛的体验

第一步：请同学们找出毛毛有哪些窍门。

第二步：你与父母交往还有哪些窍门？

第三步：合作交流。

学生回答：（略。）

教师总结：同学们总结得很好，老师把同学们的方法总结一下，同时老师也给同学们提供交往的艺术，请同学们看课件。

（三）感知归纳

老师：同学们回顾一下这节课我们学习了什么内容，能不能通过思维导图的方式总结这节课我们学习的内容？

老师：我们请四位同学展示他们的思维导图。

学生：（略。）

老师：这四位同学总结得很好，分别从不同的角度对本节课内容进行了总结。

第五环节：小试牛刀

（设计意图：通过练习，强化本节课所学内容，教师准确地把握学生的学习情况，从而培养学生分析问题、解决问题的能力。）

（四）感情升华

播放歌曲《妈妈我爱你》，勇敢说出爱。制作爱的小卡片，写下爱的宣言，付出爱的小行动，周末回家送给爸爸妈妈。

（设计意图：通过这个活动，学生在生活中理解父母，学会与父母主动沟通，建立和谐的亲子关系。）

（五）作业布置

（六）教学反思

板书设计

化解“爱的冲突”

1.“爱的冲突”产生的原因

2.“爱的冲突”的危害

3. 如何化解“爱的冲突”——理解、沟通

孔 铭

孔铭，瑶海区优秀教师、优秀班主任，一级教师。他钟爱教育事业，潜心教书育人，不断学习，不断攀登，曾先后获得“一师一优课”活动评比“部级”优课、瑶海区课堂教学评比一等奖、合肥市首届班主任基本功大赛一等奖、全国信息技术与课程融合课堂比赛一等奖、全国中小学主题班团会展示课大赛一等奖等。在日常的教育教学工作中，他不断创造好成绩，得到了家长、学生的一致好评。

《自立自强》教学设计

【教材分析】

“自立”是7.3《自立自强》的两大主题词之一，本课的目的是让学生认识自立品质的重要作用，自觉克服依赖心理，养成自立的生活习惯；培养自立精神，勇于面对学习、生活中的困难。

【学情分析】

进入中学以后，学生遇到最大的不适应，就是在自立能力上。由于小学的教育、教学方式和中学的不同，学生的学习方式、生活方式和自我管理方式等都发生了变化，这就对学生的自立能力提出了更高的要求，因此，及时对学生进行自立教育非常重要。

【教学目标】

1. 情感、态度、价值观

学生养成自立的生活态度，体会自立在学习、生活及事业成功中的意义，培养自立精神。

2. 能 力

学生提高自理、自立的能力，学会自己的事情自己做，自己的事情自己安排；面对困难，学着靠自己的力量去解决，逐步培养独立克服困难的能力。

3. 知 识

学生认识自立的重要作用，懂得只有自立才能走向自强的道理；学会走上自立之路。

【教学重难点】

教学重点：学生了解自立的表现、懂得自立的重要性、掌握自立的基本要求。

教学难点：学生在生活实践中真正培养自立精神和自立能力。

【重难点的突破】

在活动设置上有意识地引导学生从生活实际出发，独立思考问题，得出结论，从而使学生形成自立自信的生活态度，养成勇于克服困难、敢于开拓进取的优良品质。

【教学设计思路】

教学中笔者注重从学生实际出发，通过设置情景让学生讨论辨析、引入感人事例，发挥榜样的力量，让其感悟体验，使学生在动情——明理——践行的过程中受到教育，认识到自立的意义及培养自立能力基本途径，为其成为一个自立自强的人奠定思想认识基础。

【教学方法与策略】

《新课标》要求思想品德课要遵循启发式原则、针对性原则、正面教育原则、知行统一原则，在这节课中笔者始终贯彻这些原则，并在以上原则指导下，运用了名言感悟、故事引导、故事续编、创设问题情景、合作探究等方法，达到了师生互动、生生互动的效果，实现了《新课标》“以人为本”的教育思想。

【教学方法】

多媒体辅助教学，自主学习，探究学习等。

【课时安排】

一课时。

【教学过程】

环节一：情境导入、感动你我

模仿央视《朗读者》（朗读的内容是《瑶海区公民道德素养读本》——《弱小身躯撑起一片天》）。

老师提问：小梦玲的身上有哪些优秀的品质值得我们学习？（并引导串联前后知识）

学生多角度分析、讨论、归纳。

老师导入新课：虽然小梦玲失去了妈妈，遇到重重困难，但是她依然完成了自己应该完成的事情。小梦玲的自立自强同样值得我们学习。今天我们学习“自立”。

（设计意图：小梦玲的故事感动和激励着每一个人，她的故事也诠释了什么是自立自强。用小梦玲的故事创设情境，能使学生产生强烈的情感共鸣，为新课的学习做了很好的铺垫。）

环节二：师生互动，合作探究

活动一：生活调查

多媒体展示调查内容。

调查要求：学生根据多媒体展示的内容，把自己能做到的或者身边的同学能做到的说出来。

教师：从调查结果可以看到，大部分同学自己的事情能自己做。大家看这位同学做得怎么样呢？他的妈妈收到快递时是什么心情？（展示漫画）

学生小组内讨论、交流、反馈。

多媒体展示：自立就是要懂得依靠自己的力量去解决生活中的问题，自立意味着要独立地安排自己的生活；意味着要从父母的呵护中脱离出来，最终成长为独立的人。

（设计意图：问题联系学生实际，拉近了生活与课堂的距离，通过反思自己的行为和分析他人的事例，学生对“自立”的认识更加到位、准确。）

活动二：情境探究

学生思考并进行小组间讨论。

老师引导学生再次回到小梦玲的案例材料中，要求学生根据材料讨论问题。

议一议:自立对自己的成长起到了怎样的作用?

学生讨论、交流、反馈。

教师总结。

多媒体展示：自立的重要意义——（1）自立的过程是锻炼和提高我们生活能力的过程，也是不断提高我们心理和道德品质的过程。（2）只有自立，才能走向自强。

活动三：游戏——自立能力小测试

比赛叠校服，看谁叠得又好又快。

规则：①校服放于桌面；②时限30秒；③可以站立完成；④请同学代表来点评。

（设计意图：承上启下，活跃课堂，通过小测试，学生明白进行自立能力的培养很有必要。）

活动四：请你支招

根据课本探究小锦的故事并进行改编。

小锦是个文静的女孩儿，高一开学了，她爸妈每人拎了很大的一个包陪她到学校报到，买好所有的生活用品后，爸妈又帮她铺床、叠被、挂蚊帐，累得满头大汗直捶腰，可小锦只是在一旁呆呆地看着，在家里，小锦什么事也不做，唯一能做的事情就是学习了。

开学还没到一个月，小锦就严重超支了。这不，班级组织研学旅行，小锦也不知道自己该不该去，小锦很谦虚，平时一遇到问题就向别人请教。学习上更是一团糟，现在高中要上晚自习，可妈妈不在身边，小锦总觉得做作业心里没底。看着同学们能够有条不紊地安排自己的学习和生活，小锦很是羡慕。于是，小锦决定改变这种状况。

学生讨论帮助事例中人物解决困难，然后各抒己见。

多媒体展示讨论结果。

（设计意图：激发学生的学习兴趣，在培养学生创新意识和发散思维的过程中，学生认识到走向自立必须克服依赖性；选用现实生活中学生身边的事例，学生在探究问题的过程中学会独立思考，自主做出决定，明确独立思考、自主做出决定的必要性。）

环节三：成果交流，积累收获

通过本节课的学习，我收获了________________________________。

今后，我要这样做:____。

教师总结：生活是一本厚厚的书，需要我们自己去阅读、品味，自己的事情自己做，自己的问题自己想，自己的路自己走！愿同学们搏击长空，翱翔千里！

（设计意图：通过总结，学生从思想认识上升到具体行动。本环节帮助学生逐步树立自立自强的生活态度，培养正确的价值观念，从而使学生自觉摆脱依赖心理，不断走向自立。）

板书设计

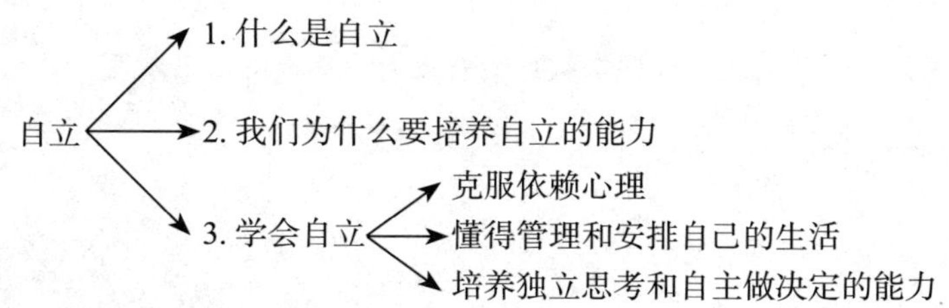

课后延伸

自立要从小事做起。课后请大家自己动手来布置自己的房间，并把“成果图”上传到班级的QQ群。

高　枫

高枫，中学一级教师，2016年合肥市瑶海区通过人才引进政策吸引其进入合肥市行知学校。2015年亳州市教坛新星。曾获合肥市瑶海区基本功大赛一等奖，全国新媒体新技术大赛二等奖等奖项。

人生格言：爱是打开学生心灵的钥匙，没有爱就没有教育！

粤教版《思想品德》九年级全一册

《源远流长的中华文化》教学设计

【教材分析】

本课主要教学内容是粤教版九年级《思想品德》第四单元第一课《中华文化传承创新》第一框题的内容“源远流长的中华文化”。本部分内容主要为理解中华文化源远流长、博大精深的特点，了解中华文化的内容，并通过中华文化的内容更深刻地理解并感悟中华文化源远流长、博大精深的特点。激发学生树立文化自信，增强民族文化认同感及民族自豪感和自信心，培养学生的爱国主义精神。

【学情分析】

虽然绝大部分同学对传统文化持认同态度，但对传统文化知之甚少。大部分学生对传统文化的兴趣不高，认识也较肤浅，传统文化意识淡薄。学生了解传统文化的途径是多种多样的，可以通过网络、图书馆等渠道了解相关知识；也可以从本地历史文化遗迹中发现、收集、整理、挖掘一些本土文化，体验中华文化的源远流长、博大精深。此内容与学生生活紧密相关，可引起学生探究的兴趣，调动其主动性和积极性，从而达到探求知识的目的，充分感悟中华文化的魅力。

【教学目标】

1. 情感、态度、价值观目标

（1）通过视频探秘故宫，6个中华文化小组分享搜集到的资料及参与游戏，引导学生感悟中华文化的源远流长、博大精深；激发学生树立文化自信，增强民族文化认同感及民族自豪感和自信心，培养学生的爱国主义精神。

（2）老师亲历合肥文化博览会，展示合肥本地文化遗产的图片，激发学生关注家乡、热爱家乡的情感。

2. 知识与技能目标

（1）学生识记：中华文化的特点：源远流长、博大精深。

（2）学生理解：中华文化的内容，并通过中华文化的内容更深刻地理解并感受中华文化的源远流长、博大精深。

（3）运用：引导学生学会正确对待中华优秀的传统文化。

3. 过程与方法目标

通过小组搜集资料、学生做小游戏、学生展示传统文化技艺等方法，教师启发、引导学生思考，培养学生小组合作的能力，搜集、整理资料的能力及分析、解决问题的能力。

【教学重难点】

（1）教学重点：中华文化的特点：源远流长、博大精深；中华文化的内容。

（2）教学难点：怎样正确对待中华优秀的传统文化。

【重难点的突破】

（1）通过观看特朗普访华之旅“故宫行”的三段视频资料，充分结合SMART白板的相关功能，教师让2名学生分别用白板智能笔写出中华文化“源远流长”“博大精深”的特点。学生亲自操作白板的功能，可吸引学生的注意力，增强师生间的互动、学生与白板间的互动，使学生更主动地参与到教学中来；游戏“开心消消乐”等环节，加深了同学们对“中华文化内容”这一重点内容的认识，使学生进一步感悟中华文化博大精深的特点，增强了师生间的互动、学生与白板间的互动及课堂的趣味性，从而达到突破重点的目的。

（2）设置寻找身边的传统文化榜样环节，通过身边同学展示传统文化技艺，发挥榜样的感染作用，易引起学生的共鸣，进行理性思考，从而达到突破难点的目的。

【教学设计思路】

（1）以特朗普访华之旅的3段视频作为主线，搭建本节课的知识框架，体现道德与法治学科特点，突出时政性，激发学生关心国家、关注社会的热情。

（2）学生在白板上书写、玩游戏、图文配对等环节的互动操作设计，可调动学生的兴趣，增强师生间的互动、学生与白板间的互动，让学生更主动地参与到教学中来，增进了学生对家乡传统文化的了解，激发了学生关注家乡、热爱家乡的情感。让学生更好地感悟中华文化的源远流长、博大精深；激发学生树立文化自信，增强民族文化认同感及民族自豪感和自信心，培养学生的爱国主义精神。

【教学方法与策略】

（1）通过小组合作搜集资料、学生展示传统文化技艺创设情境，学生加深对知识的理解，激发学生树立文化自信，增强民族文化认同感及民族自豪感和自信心，培养学生的爱国主义精神。

（2）利用多媒体设备，将知识与科技有效结合，采取互动式教学，增加互动环节，不仅可以活跃课堂的教学氛围，调动学生学习的兴趣、增强教学的趣味性，而且可以培养学生的实践能力，增强课堂的教学效果，对学生感性的学习知识、理解并感悟知识具有良好的作用。

【教学方法】

多媒体辅助教学、创设情境、小组合作学习、互动式教学等方法。

【课时安排】

一课时。

【教学过程】

环节一：时政导入，激发兴趣

导入新课：

老师：2017年11月 8日，美国总统特朗普访华。按照外交惯例，外国领导人来访，一般先在天安门广场举行升国旗、奏国歌、检阅仪仗队等隆重仪式，热烈欢迎对方的到来。但这一次特朗普一下飞机就直接赶到了故宫，这显然是一次非常特殊的外交安排。

白板展示两国领导人检阅仪仗队、两国元首夫妇故宫合影和故宫共三张图片。同学们了解故宫吗？参观过故宫吗？

学生谈对故宫的了解。

老师：这位同学对故宫有一定的了解。故宫又称紫禁城，是明清两个朝代的皇宫。下面让我们跟随两国领导人的脚步去近距离了解故宫，感悟中华文化的无穷魅力。请看特朗普访华之旅视频（片花1）。

（设计意图：以时事热点导入，能激发学生的兴趣，调动学生学习的积极性；同时体现了思想品德课的时代性特征。）

环节二：小组合作，探究感悟

白板播放特朗普访华之旅视频（片花1）

老师：可见两国领导人是在谈论文明古国的发展，同学们知道四大文明古国吗?

学生：古埃及、古印度、古巴比伦、中国。

老师：下面我们一起来了解四大文明古国的发展并比较它们和文明。

（白板上显示四大文明古国的发展并比较了它们的文明。）

老师：其他文明古国在发展中相继衰落、中断、湮灭，成为世界古代文明发展史上的遗憾，只有中华文化，虽历经沧桑，仍绵延至今，始终显示出顽强的生命力和无穷的魅力。这体现了中华文化的哪一特点呢？请一位同学在白板上写出来。

白板：源远流长（学生用笔写出“源远流长”）。

（设计意图：提高学生概括、总结能力；学生亲自操作白板功能，可吸引学生的注意力，增强师生之间、学生与白板之间的互动，让学生更主动地参与到教学中来。）

过渡：两国领导人在故宫还有哪些参观活动呢？我们继续观看特朗普访华之旅（片花2 探秘故宫）。

白板：播放特朗普访华之旅视频（片花2“探秘故宫”）。

老师：视频看完了，请同学们仔细回忆一下：故宫中包含了哪些中华传统文化？

学生活动：找一找故宫中的传统文化。

学生发言，谈自己所发现的故宫中的传统文化。

老师：请同学们看一下老师的发现（拉开幕布）。

白板：图片（故宫、国画、古筝、“和”的思想、钟表、金编钟、景泰蓝、京剧）。

过渡：故宫中的传统文化是我国传统文化的重要组成部分，我国传统文化种类繁多，内容丰富。我国传统文化是由哪些类别组成的呢？故宫中的传统文化属于哪些类别呢？课前同学们分成了6个类别的传统文化小组，搜集了相关资料。下面请各小组派代表谈谈你们搜集到的资料。

学生活动：古建筑小组、传统文学艺术小组、传统手工艺小组、中国哲学小组、中医中药小组和古代科技发明小组分别介绍本组搜集的资料。

（设计意图：小组合作搜集中华文化的类别资料，可以培养学生搜集资料、分析资料及小组合作的能力，学生通过中华文化的内容更深刻地感悟中华文化的博大精深，从而达到突破教学重点的目的。）

老师：同学们搜集到的资料真的很丰富，让我们更深刻地感受到中华文化丰富的内容和深厚的文化底蕴，再次用掌声表示感谢。我们中华文化还包含其他方面的内容。

白板上显示语言文字、中国传统伦理道德、传统歌舞、传统节日习俗……

老师：白板上显示的内容体现了中华文化另一个特点是？请一位同学在白板上写出来。

白板：博大精深（学生使用笔功能写出“博大精深”）。

（设计意图：提高学生概括、总结能力；学生亲自操作白板功能，可吸引学生的注意力，增强师生之间、学生与白板之间的互动，让学生更主动地参与到教学中来。）

老师：下面我们放松一下，做个小游戏——“开心消消乐”，当图片与所反映的传统文化内容相符时，两块牌同时消失，这个游戏考验你的记忆力和速度，谁来挑战？

白板：小游戏“开心消消乐”。

学生：挑战游戏。

老师：祝贺你，挑战成功（与学生握手）。

（设计意图：加深同学们对中华文化内容的认识，增强师生间的互动及课堂的趣味性。）

老师：同学们都喜欢过节，因为在节日里，我们可以放松身心，与家人团聚或者有好吃的传统美食……你了解我国的传统节日习俗吗？下面我们对一些传统节日习俗归类。

白板：学生把传统节日习俗拖拽到对应的传统节日框内进行匹配，完成后自己检查。

老师：出现2处错误，这位同学对端午节的习俗不是十分了解哟，作为中国人，我们要重视中华传统节日，不能一味推崇过洋节，我们要建设好中华民族的精神家园。

（设计意图：针对一些中学生热衷于过洋节，淡忘中国传统节日的现象，加强传统节日文化的教育，增强学生对中华文化的认同感，防止文化迷失，提升情感、态度、价值观。）

下面让我们把目光转向家乡。今年10月28日，合肥举办了第十一届国际文化博览会，老师到现场进行了参观。老师想和大家分享自己拍摄的图片。

老师：这些图片都是我们合肥本地的传统文化，先请一位同学来把这些传统文化名录对号入座。

白板：搭配图文功能，让学生把传统文化名录与图片对号入座。

学生在白板上操作 。

这些图片反映的都是我们合肥本地的传统文化，这些非物质文化遗产是合肥历史发展的见证和文化传承的载体，合肥市政府也加大力度保护它们，希望大家也能加入到保护的行列中来。

（设计意图：增进学生对家乡传统文化的了解，激发学生关注家乡、热爱家乡的情感。）

环节三：创设情境，榜样引领

过渡：下面我们继续观看特朗普访华之旅的视频（片花3）。

白板：播放特朗普访华之旅的视频（片花3）。

老师：这段视频是中美两国元首在故宫茶叙时，特朗普总统用平板电脑向习主席和其夫人展示他外孙女阿拉贝拉的“中文秀”，现在阿拉贝拉成了“中文小网红”。阿拉贝拉真是中外文化交流的友好使者啊！美国第一家庭都如此喜爱中华文化，作为中国人，我们没有理由不爱本国的文化，我们要正确对待中华优秀的传统文化。

白板：“悟一悟”青少年怎样正确对待我国优秀的传统文化呢？

老师：听说我们班有好几位同学，拥有传统文化技艺，下面我们邀请他们来展示他们的风采。

传统文化才艺展示：黄梅戏组、书法组、秧歌组和剪纸组。

白板：设计相关的4幅图片，随机选择展示次序。

老师：有请书法组章乐欣。

学生展示书法作品并介绍书法的相关知识。

老师：章乐欣向大家普及了书法的知识，我们看到她的书法作品后都十分惊叹，没想到这么大气磅礴的书法作品出自一位柔弱的女生之手。

白板：继续随机选择图片。

老师：有请曹文婷同学现场创作剪纸作品。

白板：继续随机选择图片。

老师：有请李晓波、康业欣同学表演秧歌。

学生介绍秧歌并表演。

白板：播放音乐“闹元宵大秧歌”。

老师：两位同学的舞蹈太有感染力了，我们不由自主地也想跟着音乐的节奏动起来。

白板：继续随机选择图片。

老师：有请黄梅戏小组。

三位同学介绍黄梅戏并演唱《天仙配》片段。

老师：掌声送给他们，希望你们能继续学习黄梅戏，把我省优秀的黄梅戏文化继承和弘扬下去。我们来看一下曹文婷的剪纸作品完成没有。（已经完成了）有请曹文婷同学给大家展示她的作品。

学生介绍剪纸并展示剪纸作品。

老师：曹文婷同学不但有丰富的想象力，还有一双灵巧的双手，让我们为她点赞。

（设计意图：通过身边榜样的感染作用，学生引起共鸣，进行理性思考。学生通过展示传统文化技艺活动，增强了自信，培养了小组合作等能力。）

老师：刚才几位同学是我们继承和弘扬我国优秀传统文化的榜样，我们要树立文化自信，为拥有源远流长、博大精深的中华文化而骄傲自豪，作为龙的传人，我们要握好传承中华文化的接力棒，让源远流长、博大精深的中华文化发扬光大！

环节四：学生反馈，情感升华

老师：通过这节课的学习，同学们请谈谈你的收获、感悟。

学生谈收获、感悟。

老师：通过同学们的发言，我感受到同学们加深了对传统文化的认识，对怎样继承和弘扬优秀的传统文化也有更深入的思考，也表达了以后要学习和弘扬传统文化的决心和信心。相信通过我们的努力，一定能建设好中华民族的精神家园，一定能实现我们的文化强国梦！

课后反思：

本节课使用了由SMART白板和SMART Notobook软件制作的课件，放映了多媒体音频和视频文件，让学生使用笔功能在白板上总结出关键知识点，设计了游戏“开心消消乐”等多个学生参与互动的环节；演绎出一节生动、精彩、欢乐、以学生为主体的和谐课堂。通过思路清晰、环节丝丝入扣的课堂设计，步步深入，教师轻轻松松完成了教学目标。但由于时间有限，对于中华文化源远流长、博大精深的特点没能进行更深入地分析；针对部分同学对传统文化的兴趣不高、认识较肤浅、传统文化意识淡薄的现象，在以后的教学中，我们要发挥思想品德课的德育功能，结合教学内容，加强创新，不断开展对学生的中华优秀传统文化教育，激发学生树立文化自信，增强民族文化认同感及民族自豪感和自信心，培养学生的爱国主义精神。

郭　云

爱因斯坦说过：走出校门后，把学校里的知识全部忘记，剩下的东西就是教育。

转眼，我走进教育岗位，从事道德与法治教学工作已20年了。结合政治学科特点，在课堂上，我不仅传授学科知识，提高学生的能力，还能培养学生良好的道德品质，帮助学生树立正确的世界观、人生观。我的学生用理性的态度触摸社会的脉搏，并有独立的辨析能力和对社会的担当。希望我的道德与法治课堂，能成为师生共同对书本、对生活乃至对生命的深刻体验和分享。

《中华文化　传承创新》教学设计

【课程标准】

使学生了解和学习中华文化传统，增强与世界文明交流对话的意识，了解文化的多样性和丰富性。

【教学目标】

情感、态度、价值观目标：学生通过感受中华文化的魅力，增强文化认同感、归属感和自豪感，做一个有文化、有修养的人。

能力目标：提高学生采用多种方法收集和分析资料的能力；培养其明辨是非的能力。

知识目标：学生知道中华文化源远流长、博大精深的特点；知道民族文化在不断创新中发扬光大。

【教学重难点】

教学重点：中华文化源远流长、博大精深。

教学难点：中华文化源远流长、博大精深。

【教学方法】

情境体验、活动探究。

【课时安排】

一课时。

【教具辅助】

PPT。

【教学过程】

（一）导入："嫦娥三号"探月成功（12.15）

导入：最近，中国航天探月工程发生了一件大事，开辟了属于中国人的新纪元："嫦娥三号"任务圆满完成！"玉兔号"月球车开始探月之旅！中国成为世界上第三个掌握月球软着陆和月面巡视的国家。月球上第一面五星红旗出现在屏幕上的那一刻，全国振奋！

老师：为什么中国的探月计划、月球车，分别以"嫦娥""玉兔"命名？

学生：（略。）

老师：嫦娥奔月的远古神话故事，是我国十大古代爱情故事之一，相信每个中国人都知道。提到嫦娥，中国人就会想到嫦娥奔月的传说，想到中秋佳节，想到咏月的唐诗宋词。李商隐的《嫦娥》诗里说：“嫦娥应悔偷灵药，碧海青天夜夜心。”今天，因为全体中国人的努力，嫦娥奔月留下的不再是惆怅，她让每个中国人自豪。相比较美国的“阿波罗”计划，苏联的“月球号”计划，嫦娥、玉兔具有多么浓郁的中国味。高科技承载着民族文化，向世界做了一次精彩的亮相。

那么，什么是文化？作为华夏儿女对祖国传统文化是否如数家珍？中华文化在全球化时代如何发扬光大？今天，我们一起做一次文化之旅，了解一下我们悠久灿烂的精神家园。

老师板书，播放幻灯片：中华文化 传承创新

学生朗读主题词。

（二）讲授新课

老师：刚才，我们提到一个词“文化”。大家知道文化是什么吗？

学生：讨论、回答。

老师：文化是个非常广泛的概念，要想给它下一个精准的定义确实很难。哲学家、社会学家、语言学家、历史学家一直在努力探索，有关文化的定义至少有两百多种。课本第95页导语部分也给了我们一个解释。一起来看看文化是什么。

老师板书，播放幻灯片：文化的内涵。

学生：回答，归纳：文化是人类精神活动和实践探究活动的方式及其物质与精神成果的总和。

老师：不是很好理解。这么说吧，文化，人类社会特有。如果落实到我们每个个体身上，文化就是随便一个人迎面走来时，他的举手投足，他的一颦一笑，他的整体气质。当他走过一棵树，树枝低垂，他是弯腰而过，还是随手把枝条折断丢弃？一只脏兮兮的流浪小狗走近他，他是心生怜悯，还是厌烦地一脚踢过去？当电梯门打开，他会谦逊有序地等候，还是霸道地把别人挤开？文化其实就体现在一个人如何对待自己、对待他人、如何对待自然环境，以及由此产生的成果。

一个文化深厚的社会，人懂得尊重自己——他不苟且，因为不苟且所以有品位；人懂得尊重别人——他不霸道，因为不霸道所以有道德；人懂得尊重自

然——他不掠夺，因为不掠夺所以有可持续发展的智能。品位、道德、智能，是文化积累的总和。如果拓展到整个人类，文化就是世世代代累积沉淀的习惯和信念在生活中的渗透。

你想要成为什么样的人？你想过什么样的日子？文化，其实决定了我们个人，乃至民族的生活品质。

好，回顾一下文化的内涵：人类精神活动和实践探究活动的方式及其物质与精神成果的总和，就是文化。

老师：知道了“文化是什么”，接下来我们再一起探讨：文化对个人、民族、国家起着什么样的作用。文化重要吗？

大家回顾中国历史，上下五千年，文化盛世和文化荒原，对当时的道德与法治制度、经济发展分别带来怎样的影响？（盛世：春秋、唐；荒原：清末）

学生：回顾历史，汇报结果。

老师展示结论：美国学者英格哈特“世界观价值调查”：文化对经济发展和道德与法治制度的影响：文化价值观上愈重视个人自主和多元开放的地区，经济力愈强大，道德与法治也开明；愈强调集体意识、国家或宗族权力的地区，经济愈是穷困，道德与法治也专制。文化在塑造一个社会的道德与法治和经济行为上，是一个关键元素。

是的，文化很重要。学者们用科学量化的方法得出了这个结论。而我更愿意一起来看看这样几幅图片，发现文化还有极其重要的作用。

老师列举典型事件或图片（2008汶川地震，中国，悲痛；日本钓鱼岛事件上，中国，愤慨；嫦娥三号，中国，喜悦！）

老师：为什么我们会产生共同的情绪体验？缘于同胞的意识。文化在其中起了什么作用呢？人本是散落的珠子，文化就是那根强韧的细丝，将珠子串起来成为社会。它使孤立的个人，打开深锁自己的门，走出去，找到同类。一个人的痛苦和喜悦，变成了可以与人分享的痛苦和喜悦。孤立的个人产生了归属感。一个多民族的社会，一个多元的社会，依赖什么来凝聚？除了文化的力量，还有什么呢！

所以，文化表面上是音乐的流动、影像的演出、语言的传递，更深层的，其实是文化认同的逐渐形成。我们知道，无论散落何处，炎黄子孙是一家人，十多亿中华儿女是同胞。文化，是将我们紧密联结起来的纽带。我们因此精神相通，休戚与共。

老师：所以，文化不是少数艺术家的事，文化不是唱唱歌跳跳舞。我们一起归纳一下文化的重要作用：

老师板书，播放幻灯片：文化的重要作用。

学生阅读课本，找到答案，理解熟悉记忆。（精神力量、民族价值观源泉、民族凝聚力创造力，课本第95页）

老子《道德经》曰："天下之至柔，驰骋天下之至坚。"

文化的作用更在于此。"天下之至柔"，文化，凝聚民心、鼓舞斗志，提高国家竞争力，以"驰骋天下之至坚"，在激烈的国际竞争中维护国家和民族的利益。

老师板书：中华民族的复兴，需要中华文化的引领和提升。

老师：所以文化是道德与法治，文化是经济，文化是外交。文化更是一个国家的心灵和大脑，它的思想有多么深厚、它的想象力有多么活泼、它的创意有多么灿烂奔放，它决定一个国家的真实国力和未来。

老师：《功夫熊猫》是一部以中国功夫为主题的动作喜剧电影，整部影片充满了浓郁的中国元素（和平谷、阿宝）。现在，我们来比比眼力，看看剪接的电影片段里，哪些细节体现了中国元素？

学生整理回答。

老师：不错！影片中有许多细节反映出中国传统文化元素，如中华武术（虎、蛇、猴、鹤、螳螂，是中华形意拳法武术的代表，凌厉流畅，向中国形意拳致敬）、中国古建筑（武当山）、中国京剧脸谱（老虎）、中国传统水墨画的写意风格、中国哲学的处世智慧（乌龟大师"无招胜有招"充满了东方禅意），还有针灸、鞭炮、筷子、毛笔字、二胡、锣鼓等等。

这部动画片的美术总监花了八年时间研究中国文化，影片导演史蒂文森也十分喜爱中华传统文化，他在做影片宣传时甚至还幽默而谦逊地说："《功夫熊猫》，就是写给中国的一封情书。"当然，这一切离不开商业利益的驱使，但中华传统文化本身散发的魅力及引发的热潮，也势不可挡。

当世界看中国的时候，身为中华儿女，我们对本民族传统文化又了解多少？

老师：你对传统文化了解多少？（时间、内容、贡献）

学生思考，回答。

老师：所谓传统文化，广义上看应包括中国有史以来（文字记载：商）的所有文化，从盘古开天地、三皇五帝到现在；狭义上主要指汉武帝罢黜百家、独尊儒术以来的中国儒释道文化，特别是宋明的程朱理学。

老师：多么丰厚的文化宝库，我们请一位中国传统文化研究专家，给大家做个介绍。同时，请大家积极思考，与专家互动。

中国传统文化的发展分为四个大的时期（四大阶段）：

1. 中国传统文化的孕育期

（1）时间：原始社会时期。

（2）代表：原始艺术与原始宗教。

2. 中国传统文化的雏形期

（1）时间：夏、商、周时期。

（2）代表：春秋战国时期文化。特征：百家争鸣、百花齐放。出现了中国历史上第一次思想解放的浪潮。春秋战国时期是中国文化的“轴心时代”，奠定了中国传统文化的基本格局。孔子、孟子、老子、庄子、韩非子、墨子、荀子等是此时期最杰出的思想家。

3. 中国传统文化的定型期（秦汉—清朝前期）

（1）发展期：（秦汉—魏晋南北朝）

魏晋南北朝时期：文化多元，生动活泼。

此时期兴起了一股新的文化思潮——玄学。玄学由老庄哲学发展而来，崇尚精神自由。这影响了中国文人的生活情趣。

佛教与道教勃兴，与儒学形成三足鼎立的局面。

（2）成熟期（隋、唐——南宋）

“唐型文化”的特点是：开放、外倾、色调热烈。中国文化发展史上的隆盛时代，气度恢宏、史诗般壮丽。

唐代是诗歌与书法的黄金时代，也是绘画的极盛时期。

“宋型文化”的特征是内省、封闭、精致、色调淡雅。

宋代文化最重要的标志是理学的建构。

市民文化（市井文化）勃兴。

宋代科学技术的成就十分突出，指南针、印刷术和火药的改进与运用，是宋代科技最为突出的成果。

（3）衰落期（元、明、清朝前期）

元明时期至清朝中期，中国传统文化暮气沉沉，又孕育生机。

封建政府主持编纂了四部大型的图书：《永乐大典》《古今图书集成》《四库全书》《康熙字典》，中国小说发展到明清臻于极盛，出现了四大名著。（学生活动）

4. 中国传统文化的转型期

从1840年鸦片战争爆发到1912年“中华民国”建立前，是中国传统文化的转型期。西方近代文化与中国传统文化既冲突又交融，文化面临传承与创新的新任务。

讲座中穿插重点活动：提问文化盛世（如春秋战国、魏晋、唐宋时期）的文化特点、成就，学生汇报总结。（多媒体展示图片，介绍自己最熟悉的文化成就及诵读最喜爱的唐诗宋词等，穿插介绍中国文化的世界之最）

老师：感谢专家和同学们，给我们展示了源远流长、博大精深的中华文化！

老师总结：（板书、幻灯）中华文化的特点：源远流长，博大精深。

老师：中国传统文化源远流长、博大精深；兼容并蓄，和而不同。

源远流长：历史悠久，有五千年的历史。

博大精深：“博大”是说中国传统文化的广度——丰富多彩，“精深”是说中国传统文化的深度——高深莫测。

老师：中华文化浩浩汤汤，绵延不绝！大家暂且将依依不舍的目光从历史拉回到身边，谈谈我们身边的传统文化。

学生：汉语言文字大赛（都德的《最后一课》，日军侵华时不准教学汉字）、民族乐器、传统节日、课本上的传统文学作品、京剧、旅游时见到的建筑、饮食、服装等等。

老师：文化的星空底下，中华文化闪耀光芒！这份珍贵广博的精神财富，值得我们终身亲近，浸染。

老师：（板书、幻灯）我国传统民族文化瑰宝灿若星辰。

老师：在这里，咱们特别强调一点：各少数民族文化同样异彩纷呈，对中华文化发展也做出极大贡献。大家能尝试说说吗？

老师：提示各地民族艺术、各地菜系、满族服装等（公元前302年，赵武灵王改博衣宽带为胡服骑射，蒙古族、满族入主中原，将各民族文化融入到中华文化中）。

学生回答。

老师：正是民族间的文化融合，中华文化才有海纳百川的包容性，才使文化获得了更加蓬勃旺盛的生机。

（三）归纳小结

（四）延伸拓展

老师：国学大师南怀瑾先生说过：“我常常感到，国家亡掉了不可怕，还可以复活，要是国家的文化亡掉了，就永远不会翻身了。”

老师：面对全球化、多元化下的文化交融交锋，我们每个青少年应该怎么做？（学生思考）

老师：刚才，我们欣赏了《功夫熊猫》片段，那是美国梦工厂写给中国的情书，表达了世界对中国文化的倾慕。根据中华民族礼尚往来的传统，在文化之旅接近终点时，我们来共同欣赏一段音乐。中国民乐首次以西洋管弦乐器演奏，并获得了巨大的成功！她，被誉为“东方罗密欧与朱丽叶”，她是中华传统文化向世界的一次惊艳亮相、一个深情回顾。中国文化在传承中加以创新。传统文化以另一种方式走向世界！那怎样让传统文化在传承与创新中得以发扬光大呢？我们下一节课来探讨！

初中历史
教研组

初中历史教研组

初中历史教研组研讨课堂模式

初中历史教研组简介

合肥市行知学校历史教研组是一个充满活力且锐意进取的团队。年龄结构合理，组员团结协作，教研气氛浓厚。在课内外的教育教学活动中，老师们始终遵循历史学科的特点和规律，充分尊重学生的主体地位，采用科学合理的教学模式和方法，针对不同学情的学生进行行之有效的训练和辅导，收到了显著的效果。为培养学生的学科思维和提高学生的人文素养，每位教师都在不断地提高自身的专业知识，认真贯彻课程改革的精神，使传统的历史课堂教学与时俱进，迸发生机。

“趣、实、联、思”学段（课堂）模式

“趣、实、联、思”学段（课堂）模式使历史课堂教学体现新课程理念，实现了三维目标的有机统一。它立足于知识基础，着眼于提高能力，以教为主导、以学为主体，以趣探实、以实关联、以联行思，最终让学生学会方法，掌握知识，形成思维，从而高效地完成初中历史教学任务。

一、学段（学科）模式的内涵

所谓的学科模式是指，在一定教学思想或教学理论指导下建立起来的、较为稳定的教学活动结构框架和活动程序。作为结构框架，突出了教学模式从宏观上把握教学活动整体及各要素之间内部的关系和功能；作为活动程序，突出了教学模式的有序性和可操作性。

二、理论支撑

2011年版初中历史课程标准指出，历史教育对提高学生的人文素养有着重要的作用。义务教育阶段的历史课程，是在唯物史观的指导下，弘扬以爱国主义为核心的民族精神和以改革创新为核心的时代精神，传承人类文明的优秀传统，使学生了解和认识人类社会的发展历程，更好地认识当代中国和当今世界。学生通过历史课程的学习，初步学会从历史的角度观察和思考社会与人生，从历史中汲取智慧，逐步树立正确的世界观、人生观和价值观，从而提高综合素质，得到全面发展。历史课程是人文社会科学中的一门基础课程，对学生的全面发展和终身发展有着重要的意义。义务教育阶段7～9年级的历史课程在基础教育中占有重要地位，主要有以下特性：

思想性：坚持用唯物史观阐释历史的发展与变化，使学生认同中华民族的优秀文化传统，增强爱国主义情感，坚定社会主义信念，拓展国际视野，逐步树立正确的世界观和人生观。

基础性：根据学生的心理特征和认知水平，以普及历史常识为主，引领学生掌握基本的、重要的历史知识和技能，逐步形成正确的历史意识，为学生进一步学习与发展打下基础。

人文性：以人类优秀的历史文化陶冶学生的心灵，帮助学生客观地认识历史，正确理解人与社会、人与自然的关系，提高人文素养，逐步形成正确的价值取向和积极向上的人生态度，以适应社会发展的需要。

综合性：注重人类历史不同领域发展的关联性，注重历史与现实的联系，使学生逐步学会综合运用所学知识和方法，对历史和社会有一个全面的认识。

义务教育阶段历史课程的总体设计思路是：面向全体学生，从培养学生的历史素养和人文素养出发，遵循历史教育规律，充分发挥历史教育功能，使学生掌握中外历史基础知识，初步学会学习历史的方法，提高历史学习的能力，逐步形成对历史的正确认识，并提高正确认识现实的能力，达到课程目标的要求。

三、学情依据

7～9年级学生年龄一般在12～15岁，教育学和心理学把这一阶段称为“少年期”。在这一时期，学生心理和生理变化比较明显，身心各方面都比较矛盾。这一时期他们的思维具有以下两大特征：

1. 抽象逻辑思维有了发展

这个年龄段的学生具有一定的逻辑思维，但很大程度上还属于经验型的，在认识事物和考虑问题时，还经常需要具体的感性经验来支持。

2. 独立性和差别性已发展到一个新的水平

这一时期的学生不满足老师和课本中的解释，有时提出相反的看法。

四、学段（课堂）模式介绍

根据学科特点，依据课程标准，结合学生实际，合肥市行知学校历史教研组在长期的探索实践中，总结形成了“趣、实、联、思”学段（课堂）模式，此模式既符合7～9年级学段模式的特征，也符合课堂教学模式的特点。如图：

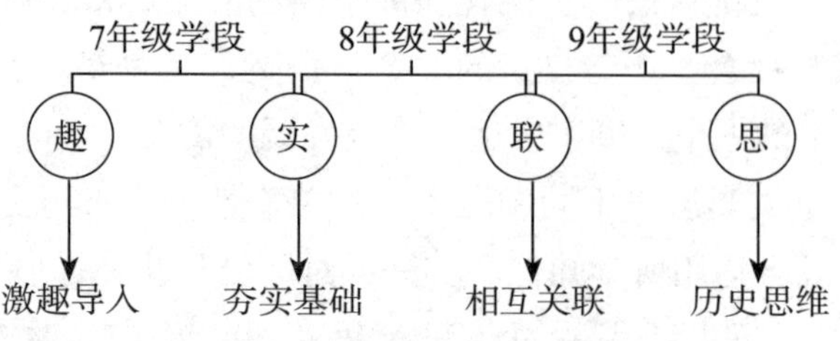

1. 激发学生对历史（课堂）的兴趣

初中历史教学一定要有趣味，让学生能够产生良好的感官认识，从而使学生对历史学科产生兴趣。就一节课而言，导入在课堂教学中有着非常重要的作用，既是课堂教学内容的一个重要组成部分，又是组织教学的重要手段；既是对上节课内容的承接，又连接着新课的教学；既能对前面精要知识加以巩固，又能引导学生的思维方向。历史课堂教学应特别注重教学中“导入”的设计，精心设计的精彩“导入”是历史课堂成功的重要条件；是达到预期教学目标，取得良好教学效果的有效途径；是引起学生兴趣，调动学生积极思维的重要方式。

2. 落实学段（课堂）的历史知识点

历史教学不仅仅是让学生对历史学科感兴趣，落实课程标准要求，掌握必要的知识点是学段（课堂）的基本要求。如何在学段（课堂）上落实必要的知识呢？德国心理学家艾宾浩斯（H.Ebbinghaus）研究发现，遗忘在学习之后立即开始，但遗忘的进程不是均匀的。最初遗忘速度很快，以后逐渐缓慢。如图：

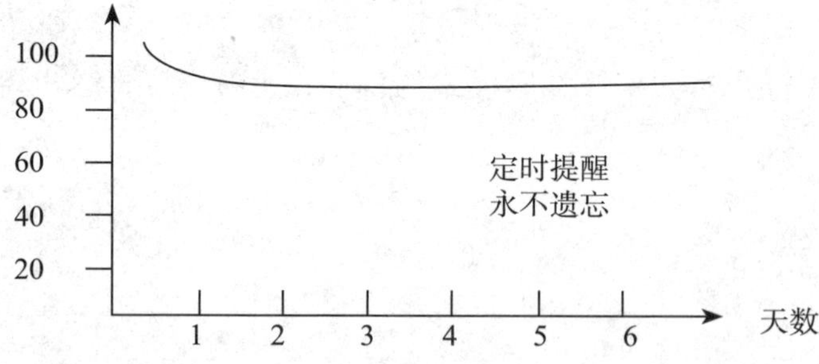

所以，我们在历史教学中要不断地提醒学生相关的知识点，采取多种且有

趣的形式来巩固相关知识。只有平时我们落实好每一个知识点，就像栽活每一棵树，在后期的复习过程中我们才能提纲挈领地育好一片“林”。如果平时我们不落实好必要的知识点，那么到最后学生什么也不知道，也无法进行系统复习。这样我们的历史学段（课堂）教学是空洞的，更是无用的。

3. 古今贯通，中外关联

历史教学中我们要给学生一个明确的时空观念，时间观念就是要学会古今贯通，让学生理清历史线索，掌握历史事件的前因后果，尤其是不同的历史事件间存在的联系；空间观念就是在历史学习中我们要学会中外关联对比，在同一时期内通过对不同国家或地区所发生的重大历史事件进行对比，让我们更加认识历史事件的相同性和差异性，从而更好地掌握这一时期的特征。

4. 学以致用，形成学科思维

不同的学科有不同的思维，历史学科思维是经过长期的历史学习、思考、辩论后形成的特定学科思维，这样的思维形成以后不仅有助于我们了解历史，而且有助于我们学会分析历史，从而对历史形成自己的结论。过去是今天的历史，同样今天也将是明天的历史。历史学科思维形成以后，会让我们从历史规律来审视今天的社会，从而提高生活的质量，这才是学习历史最重要的目的之一。

五、学段（课堂）模式的应用

“趣、实、联、思”学段（课堂）模式形成以后，我们将其运用到实践中，从而开发了一些相关的教学设计，在实际的课堂教学中也取得了一些成效，就学段模式来说取得了阶段性成果，现在正在全校范围内推广。

殷 丽

殷丽，中学历史高级教师，本科学历，自2001年任教以来一直从事高中和初中历史教学工作。先后获得亳州市“教坛新星”“骨干教师”“学科带头人”等称号及历史优质课大赛一等奖，所写论文在2007–2016年期间多次获省市中学历史教科研成果二、三等奖，2017年瑶海区通过人才引进政策将其引入合肥市行知学校！

教育理念：不以成绩作为衡量学生的唯一标准，希望在课堂上能够给他们心灵的启迪和对问题深入的思考，培养他们解决问题的能力，而不是死读书！我相信，多一把衡量的尺子，就多出一批好学生！

统编版历史教材七年级下册第三单元

《明朝的对外关系》教学设计

【课标要求】

了解郑和下西洋的航海壮举，知道戚继光的抗倭斗争。

【教学目标】

1. 知识与能力

学生了解郑和下西洋、戚继光抗倭的史实；理解郑和下西洋的意义与戚继光抗倭的反侵略斗争性质。

2. 过程与方法

通过《郑和下西洋路线图》、教材、教师提供的图片及史料，了解郑和下西洋和戚继光抗倭的概况。

3. 情感态度与价值观

引导学生感受郑和下西洋所体现出来的大无畏精神和克服困难的毅力与勇气，学习戚继光不为名利、以国家和民族安危为己任的强烈爱国精神。

【教学重点】

郑和下西洋的史实和戚继光抗倭的事迹。

【教学难点】

郑和能成功地实现远航西洋的原因（条件）和戚继光抗倭胜利的原因。

【教学手段】

多媒体教学，史料教学。

【学情分析】

少数学生看过有关郑和下西洋和戚继光抗倭的电视剧，但对史实了解不具体。

【教学准备】

教师整理资料，选取视频片段，制作PPT。

学生预习，搜集与郑和和戚继光有关的事迹。

【教学过程】

（一）导入：激趣导入

通过询问学生日常见到的大船，引出郑和宝船，多媒体展示宝船的规格、形状。导入新课。

（设计意图：从学生日常生活的例子过渡到图片，学生直观感受，通过对比激发兴趣。）

（二）新授：落实重点

1. 郑和下西洋——和平交往

对外关系分为两种：一是和平交往，一是暴力冲突。中国自古以来对外交往都是以和平交往为主，那我们就先来了解中国历史上这次空前主动的对外交往。

同学们之前搜集了很多资料，先请同学介绍郑和：

郑和（1371—1435），明代杰出的航海家。本姓马，小名三保，云南人，回族。他在朱棣夺取皇位的斗争中多次立功，明成祖朱棣即位后，他被赐名郑和。人称三宝太监，是我国明朝著名的航海家，曾率船队七下西洋。

（多媒体课件展示郑和下西洋路线图。）

请同学看图并结合教材P70注释①找出西洋的地理概念，然后上台来标注一下西洋的地理位置。

多媒体出示材料，学生分析郑和下西洋的目的。

（设计意图：引导学生探究学习，读图分析史料，培养论从史出、读图分析的能力。）

材料展示：成祖疑建文帝流亡海外，欲追其踪迹，且欲耀兵异域，示中国富强。

学生结合教材和史料回答郑和下西洋的目的：

（1）寻找失踪的建文帝。

（2）为了提高明朝在国外的地位和威望。

（3）同时也用中国的货物去换取海外的奇珍。

多媒体课件播放郑和下西洋视频，学生观看视频，搜集信息，完成表格。

（设计意图：通过表格设计，落实基础知识，把握重点。）

时间	
次数	
规模	
人数	
最远到达的地方	

（多媒体课件展示郑和下西洋路线图。）

鼓励学生上台给大家介绍一下郑和下西洋出发的地点、到达的国家和地区及详细路线。

（设计意图：加深学生印象，尤其是最远到达的两个具体位置，培养学生的识图理解能力。）

过渡：郑和宝船如此巨大，出行规模如此庞大，并七下西洋！郑和成功实现大规模远航，他当时具备哪些条件？

多媒体课件展示材料：

材料一：史书记载洪武末年时，“仓廪充积，天下太平”。建文帝时期，“家给人足，外门不阖”。到永乐年间，明王朝统治已极盛。

材料二：宋元以来，海船制造技术与航海水平大为提高，如罗盘针的发明、气象测量的进步、航路的勘探等，海外地理知识也日益丰富。

材料三：郑和，本姓马，回族，从小养成了吃苦耐劳的精神和英勇无畏的气概。

合作探究：学生分三组讨论郑和下西洋的条件。

学生讨论，教师点拨。

（设计意图：通过史料的运用与合作探究，培养学生团队合作精神、分析解决问题的能力和从材料中提取有效信息的能力。）

（多媒体课件展示郑和下西洋的宝船和当时的船队规模以及先进设备。）

郑和船队多则200多艘，少则百余艘，是名副其实的海上巨无霸，应该是当时世界上最强大的舰队，但郑和所到之处，没有战争和鲜血，只有和平与友善，每到一处，赠送礼物给当地的百姓，表达友好，平等交易，成为和平的使者，受到当地百姓的欢迎。通过几张图片了解郑和下西洋的意义有哪些。

（多媒体展示东南亚各地的三宝庙、麒麟图等。）

学生结合教材和图片得出郑和下西洋的意义。

答案提示：郑和下西洋不仅增进了中国与亚非国家和地区的相互了解和友好往来，而且开创了西太平洋与印度洋之间的亚非海上交通网，为人类的航海事业做出了伟大贡献。

总结：今天东南亚的三宝庙香火不断，各种传说经久不衰，说明了一个真正伟大的民族和国家绝对不是恃强凌弱，而是强而不欺、威而不霸。

过渡：说到这次空前主动的对外交往，大家还能联系到中国古代史上哪一个类似事件？

师生互动：比较张骞通西域和郑和下西洋。

（设计意图：通过学生已学知识，古今关联，新旧知识对比，升华认识。）

从比较结果看，学生能得出类似结论：

（1）两者都促进了中外之间的友好交流。

（2）张骞通西域后开通的丝绸之路延续上千年，是因为平等互利的进行贸易，促进了经济的发展。

过渡：我们暂且放下郑和船队带给我们的荣耀和遗憾，来认识下一位英雄人物——戚继光。

2. 戚继光抗倭

（多媒体课件播放戚继光抗倭视频。）

学生观看视频并结合教材掌握戚继光抗倭的背景、经过、结果，进行评价。

（设计意图：给学生一个思考问题的思路。）

戚继光抗倭

背景

经过

老师鼓励学生把获得的信息表达出来（包括背景、经过、结果、评价等）。

结果

评价

小组合作：戚继光抗倭为什么能够取得胜利？多媒体展示材料：

材料一：戚继光独创的鸳鸯阵（图）。

材料二：戚继光为将号令严，赏罚信，士无敢不用命……戚继光用兵，威名震寰宇。

材料三：戚继光组建了戚家军，纪律严明，英勇善战……在台州九捷中，戚家军得到了广大群众的大力支持，荡平了浙江的倭寇……在福建、广东，戚家军与当地明军并肩作战，剿灭了那里的倭寇。

学生分组讨论戚继光抗倭能够取得胜利的原因。

总结：

（1）反侵略的正义之举，符合人民的利益，得到人民的支持。

（2）戚家军训练有素，纪律严明，能征善战。

（3）戚继光具有卓越的军事指挥才能。

（4）戚家军和其他抗倭军民配合作战。

（多媒体课件展示戚继光的诗句。）

封侯非我意，但愿海波平。——戚继光

你们认为他有哪些高尚的品质值得我们学习？

（设计意图：戚继光是一个伟大的爱国者、民族英雄，个人武艺绝伦，谋略过人，在教学的过程中主要启发学生学习他的智慧和高尚的精神！）

老师总结：正是戚继光的坚持抗倭，才结束了东南沿海几十年的倭患，保卫了人民的生命和财产安全，捍卫了国家和民族的尊严，维护了国家的领土安全，他是当之无愧的民族英雄。数百年来，在他生活和战斗过的地方，人民以各种方式纪念他，为国家和民族做出贡献的人，人民不会忘记，历史不会忘记。一个有希望的民族不能没有英雄，虽然他们已走入历史的尘埃，但他们的精神却是我们这个民族能够屹立在世界民族之林最有力的支撑。

（三）总结：构建思维

学生回顾本课所学内容，构建知识体系，渗入历史思维，学会多角度理解历史事件。

明前期，中国是当时世界上最发达的国家之一，郑和下西洋说明当时中国的经济、科学技术等方面领先于其他国家，在外交上能主动地与其他国家和平友好地交往。明中后期，倭寇入侵，戚继光抗倭能取得胜利，说明此时中国还没到落后挨打的地步，但是中国封建社会开始由强盛走向衰弱了。

（四）作业：巩固所学

拓展思考：读史明智，以史为鉴。

由郑和下西洋的壮举，以及戚继光抗倭，再联系今天的中外关系，你们认为从中可以得出哪些启示，引起哪些思考呢？

多媒体课件展示汉唐宋元时期中国对外交往的盛况，明清之际尤其是清朝闭关锁国后的状况，让学生明白，对外开放则国家强盛，闭关锁国则落后挨打，要抓住历史发展的机遇，紧跟世界发展的潮流，增强国家实力，为祖国未来添砖加瓦！

板书设计

明朝前期—— 国力强盛——郑和下西洋——主动

明朝后期——国力渐衰——戚继光抗倭——被动

处于封建制度下的中国，开始由强盛走向衰弱了。

《明朝的对外关系》教学实录

老师：同学们，你们在生活中见到最大的船是什么船？

学生1：航空母舰。

学生2：大油轮。

学生3：核潜艇。

老师：那你们知道中国古代最大的船是什么样的吗？

学生：不知道。

老师：（展示“郑和宝船”图片）有同学知道它的规格吗？

学生：我查过资料，郑和宝船最大的长150多米、宽60多米。

老师：有同学对这些数字好像没概念，简单的说，比今天最大的核潜艇还大，相当于一个标准的足球场，这就是600多年前的郑和宝船，但郑和最大的贡献是什么，大家知道吗？

学生齐答：郑和下西洋。

老师：今天我们就来共同学习有关内容 。

郑和下西洋——和平交往（板书）。

老师：先请同学们上台展示你们的预习成果，大家对郑和知多少？

学生1：明代杰出的航海家。

学生2：原名马三保，云南人，回族。他的祖父和父亲都曾去过海外，使郑和从小就知道一些外洋的情况。

学生3：他在朱棣夺取皇位的斗争中多次立功，明成祖朱棣即位后，他被赐名郑和。人称三宝太监，曾率船队七下西洋。

老师：通过同学们对郑和的介绍就可以看出大家认真做了预习，非常好！正是由于郑和具备这样的素质，所以才有他带领船队七下西洋的壮举！

老师：大家会有这样的疑问：西洋在哪里？郑和为什么要下西洋？为什么能下西洋？600多年后我们依然对此津津乐道的原因是什么？郑和远洋航行带来了什么影响？希望通过大家的共同学习能够解决这些疑惑！

（多媒体课件展示郑和下西洋路线图。）

老师：看图并结合教材P70注释①找出西洋的地理概念，然后请一位同学上台来标注一下西洋的位置。

学生上讲台在PPT上标出西洋的位置（找到关键地点文莱）。

老师：郑和为什么要下西洋呢?

（多媒体课件展示材料：成祖疑建文帝逃亡海外，欲追踪之，且欲耀兵异域，示中国富强。）

老师：根据材料和教材分析郑和下西洋的目的。

学生1：为了提高明朝在国外的地位和威望。

学生2：用中国的货物去换取海外的奇珍。

老师：除此之外，根据材料成祖疑建文帝逃亡海外，欲追踪之可知，寻找失踪的建文帝也是郑和下西洋的目的之一。

多媒体出示3点目的。

老师：下面通过一个短片了解一下郑和下西洋的概况（何时出发，最远到达哪里，去了几次，船队的规模有多大）。

多媒体课件播放郑和下西洋视频：

时间	
次数	
规模	
人数	
最远到达的地方	

学生答：

时间	1405—1433年
次数	7次
规模	宏大
人数	2.7~2.8万，人数多
最远到达的地方	亚非30多个国家和地区，最远到达非洲东海岸和红海沿岸

老师：同学们视频看得很认真，回答也简洁明了，现在我们具体看看这七次远航的情况。

（多媒体课件展示郑和下西洋路线图。）

老师：请同学结合刚才的视频上讲台在PPT上找到郑和下西洋的出发地

点、最远到达的国家和地区及详细路线。

学生1：出发点是刘家港，到达的具体国家榜葛剌、占城等。

学生2：最远到达的地点天方，红海沿岸。

学生3：找到的是波斯湾，木骨都束。

老师：大家在地图中一定要找到郑和下西洋最远到达的地点：非洲东海岸和红海沿岸，在图中标注好。

过渡：从视频和大家了解的相关知识可知这样的远洋航行规模浩大，非常壮观，绝对不是说走就走的旅行。那么郑和船队能够成功实现七下西洋，他当时应具备哪些条件呢?

多媒体课件展示材料:

材料一：史书记载洪武末年时，“仓廪充积，天下太平”。建文帝时期，“家给人足，外门不阖”。到永乐年间，明王朝统治已极盛。

材料二：宋元以来，海船制造技术与航海水平大为提高，如罗盘针的发明、气象测量的进步、航路的勘探等，海外地理知识也日益丰富。

材料三：郑和本姓马，回族，从小养成了吃苦耐劳的精神和英勇无畏的气概。

合作探究：学生分三组讨论郑和下西洋的条件。

学生讨论，教师点拨：

老师：还记得开始提到的郑和宝船的规模吗?

学生：记得，特别大，是名副其实的海上巨无霸。

老师：所以这种规模的船队必须有什么做保障?

学生：强大的国力。

老师：很好，就像今天一样，只有拥有强大的国力，才有能力建造航空母舰！除此之外，你们再好好讨论讨论还需要哪些条件，最后分组上台展示。

（多媒体课件展示郑和下西洋的宝船和硬件设施。）

第一组：明成祖朱棣时期国力强盛，具备远洋航行的经济条件。

第二组：造船技术高超，航海技术先进，地理知识掌握丰富。

第三组：郑和本人吃苦耐劳的精神和英勇无畏的气概。

老师：同学们分析得很好，能够很好地运用材料并从中提取有效信息，把大家的分析进行总结即是郑和船队能够远洋航行成功的条件。

（多媒体展示答案。）

老师：郑和船队多则200多艘，少则百余艘，应该是当时世界上最强大的舰队，那么郑和所到之处，有没有侵略和奴役当地百姓呢？

学生：没有，还赠送礼物，和当地百姓和平交往。

老师：对，没有战争和鲜血，只有和平与友善，每到一处，赠送礼物给当地的百姓，表达友好，平等交易，成为和平的使者，受到当地百姓的欢迎。大家通过几张图片了解郑和下西洋的意义有哪些。

多媒体展示图片：

请观察图片和邮票，结合教材内容，思考：郑和下西洋有什么历史意义？

学生结合教材和图片回答。

学生：郑和下西洋不仅增进了中国与亚非国家和地区的相互了解和友好往来，而且开创了西太平洋与印度洋之间的亚非海上交通网，为人类的航海事业做出了伟大贡献。

老师总结：今天东南亚的三宝庙香火不断，各种传说经久不衰，说明了一个真正伟大的民族和国家绝对不是恃强凌弱，而是强而不欺、威而不霸。

老师：说到这次空前主动的对外交往，我们还能联系到中国古代史上哪一个类似事件？

学生：张骞通西域。

学生：玄奘西行。

学生：鉴真东渡。

老师：从规模和影响力来看，我们选择张骞通西域和郑和下西洋进行比较。

张骞通西域后开通了丝绸之路，产生了什么影响？

学生：促进了东西方经济文化的交流，促进了人类文化的发展和文明的进步。

老师：可以看出他们有一个共同的影响。

学生：都促进了中外之间的友好交流。

老师：总结得很好！从张骞通西域到郑和下西洋一千多年的岁月里，我们对外交往一直秉承着怎样的政策？是和平交往还是暴力冲突？

学生：和平交往。

老师：从中可以看出中华民族是一个热爱和平的民族，直到今天我们也是世界和平的主要力量。

老师：但大家也知道，郑和下西洋只有七次，没有了下文，而丝绸之路却在漫长的历史岁月中发挥了巨大的作用，这是为什么呢？这个问题值得大家去思考，同学们可以结合你们搜集的资料和我们学习的内容展开一个讨论！

学生热烈讨论:

学生1：郑和船队规模超大，需要强大国力的支持，但明中后期国力不能支撑了。

学生2：清朝后来实行闭关锁国，所以就没有了远洋航行。

学生3：丝绸之路延续时间长是因为平等互利地进行贸易，促进了经济的发展，郑和下西洋不考虑经济效益！

老师：同学们做了很多功课，进行了深入的思考和前后的联系，非常棒！

老师总结：确实郑和下西洋途经30多个国家和地区，是海上巨人，郑和和他的船员勇于探索，不屈不挠的精神值得我们学习，但郑和下西洋厚往薄来，没有考虑经济效益，加重了百姓的负担。后来到了清朝，实行闭关锁国，主动关上了国门，把广阔的海外市场拱手让人，没能抓住历史发展的机遇，留下了深深的遗憾，所以梁启超说："郑和之后再无郑和。"

过渡：我们暂且放下郑和船队带给我们的荣耀和遗憾，来认识下一位英雄人物——戚继光。

老师：戚继光史册留名的原因是什么？

学生：戚继光抗倭。

老师：什么是倭寇？倭患是怎么来的？一直以来，中国都是以强盛示人，为什么现在面临反抗外来侵略的抗倭斗争？

老师：我们先通过一个短片了解一下。

（多媒体课件展示戚继光抗倭视频片段。）

老师：同学们可以结合教材和视频通过背景、经过、结果、评价几个方面来掌握。

学生1：背景：明中期以后，国力衰弱，海防松弛，倭寇走私、抢劫，损害百姓生命财产。

学生2：经过：戚继光在义乌招募农民和矿工，严格训练，组建“戚家军”。在广东、福建和俞大猷配合，荡平倭寇。

学生3：结果：东南沿海的倭患基本解除，抗倭斗争取得胜利。

学生4：评价：戚继光领导的抗倭战争是一场反侵略的战争，他是我国历史上一位伟大的民族英雄和爱国主义者。

老师：之所以说戚继光是民族英雄是因为他维护了国家主权，保卫了人民的生命和财产安全，因此是当之无愧的民族英雄。

老师：戚继光抗倭为什么能够取得胜利？多媒体展示材料：

材料一：戚继光独创的鸳鸯阵（图）。

材料二：戚继光为将号令严，赏罚信，士无敢不用命……戚继光用兵，威名震寰宇。

材料三：戚继光组建了戚家军，纪律严明，英勇善战……在台州九捷中，戚家军得到了广大群众的大力支持，荡平了浙江的倭寇……在福建、广东，戚家军与当地明军并肩作战，剿灭了那里的倭寇。

合作探究：根据视频和史料分四组讨论戚继光抗倭能够取得胜利的原因。

小组1：戚家军得到人民的支持。

小组2：根据材料二可以知道戚家军纪律严明，戚继光是一个优秀的指挥官。

小组3：根据材料一、三可知戚家军阵法先进，纪律严明，英勇善战。

小组4：戚家军和当地明军并肩作战，积极配合。

老师：正是这些因素的共同作用，戚家军最终荡平了倭寇，把他们赶回了老家。

同学们分析得也很到位，能够根据史料找到符合答案的信息，尤其是材料中出现新的观点……这告诉我们回答要全面。

（多媒体展示答案。）

老师：戚继光被称为民族英雄受到大家的敬仰，但戚继光却说：

（多媒体课件展示戚继光的诗句。）

封侯非我意，但愿海波平。

老师：你认为他有哪些高尚的品质值得我们学习？

学生1：不在乎名利，一心抵抗侵略。

学生2：爱国精神，不计较个人得失。

老师总结：正是戚继光坚持抗倭，才结束了东南沿海几十年的倭患，保卫了人民的生命和财产安全，捍卫了国家和民族的尊严，维护了国家的领土安全，他是当之无愧的民族英雄。数百年来，在他生活和战斗过的地方，人民以各种方式纪念他，为国家和民族做出贡献的人，人民不会忘记，历史不会忘记。一个有希望的民族不能没有英雄，虽然他们已走入历史的尘埃，但他们的精神是我们这个民族能够屹立在世界民族之林最有力的支撑。

老师：本课内容我们已经学习完毕，请同学们回顾一下我们主要学习了哪些内容。

学生1：郑和下西洋。

学生2：戚继光抗倭。

老师：我们从哪些方面了解这两件事？

学生：郑和下西洋主要从目的，经过，影响三方面。

学生：戚继光抗倭从背景，经过，结果，影响几方面学习。

老师：这两件事分别发生在何时？

学生：一个在明朝前期，一个在明朝中后期。

老师：两者都属于明朝对外关系，但一个是和平交往而另一个是？

学生：暴力冲突。

老师：为什么会这样？前期我们能主动地对外友好交往，依靠的是什么？

学生：强大的国力。

老师：后期出现倭患，这一时期明朝国力如何？

学生：国力衰弱。

老师：说明了什么问题？

学生：国家实力很重要。

老师总结：对，国家实力决定外交关系！明朝前期，中国依然是当时世界上最发达的国家之一，所以在外交上能主动地与外国和平友好地交往，出现了郑和下西洋的壮举；明朝中后期，倭寇入侵，戚继光抗倭还能取得胜利，但是已经处于被动地位了。总之，明朝中后期的中国已经开始落后了！

吴红军

吴红军，中学历史高级教师，全国信息整合课大赛一等奖获得者，合肥市教坛新星，合肥市第二批、第三批骨干教师。瑶海区历史骨干联盟组长，瑶海区“课改十年”先进个人。他曾在各级杂志上发表多篇文章，参与历史资料的编写，担任过多次历史学科研讨的主讲嘉宾。

教育格言是： 用激情点亮课堂；

用理性引领课堂；

用智慧完善课堂。

《三国鼎立局面的形成》教学设计

【课程标准】

学生了解三国鼎立形成的史实。

【教材分析】

本课主要介绍了国家从分裂到局部统一的过渡时期的历史，同时揭开了中国大分裂和民族融合的序幕。这一时期起着承上启下的历史作用，中国历史从此进入了封建社会民族大融合的时期。

【学情分析】

1. 在认知结构上

七年级新生对历史知识的体会比较直观和片面，对历史现象缺乏整体的认知，对历史事件内在联系的理解能力相对欠缺。

2. 在心理特点上

七年级新生对新知识普遍有较浓厚兴趣，个体表现欲望较强烈，参与课堂活动的积极性较高。

3. 在现实方面上

七年级新生在历史知识的学习上较易受文学影视作品的误导，没有树立正确的历史观，学生在知识体系的广度和深度上都较欠缺。

【三维目标】

1. 基础知识目标

教师引导学生了解曹操统一北方的原因、赤壁之战以及三国鼎立局面形成的原因。

2. 能力培养目标

（1）教师通过对曹操在两次战役中一胜一败原因的分析，培养学生透过现象看本质的能力。

（2）培养学生评价历史人物的能力以及对历史事实和文学创作的分辨能力。

3. 情感目标

通过本课的学习，学生能认识到国家统一是历史发展的必然趋势；主要的历史人物对历史进步起重要作用。

【教学重难点】

教学重点：学生了解官渡之战、赤壁之战、三国鼎立局面的形成。

教学难点：学生学会辩证地评价曹操等历史人物，正确认识三国鼎立的历史进步。

【教学准备】

学生搜集相关的历史小故事。

教师剪辑相关的视频，制作相关课件。

【媒体运用及说明】

下面从三个方面来介绍如何运用信息技术与教材进行整合，使课堂教学有效和高效：借助媒体，激趣导入；依托视图，把握重点；史论结合，突破难点。

1. 借助媒体，激趣导入

在本节课的导入设计中，笔者利用历史题材影视文学作品的直观性，抓住七年级学生表现欲较强的心理特征，激起学生的学习兴趣，活跃课堂气氛，达到了良好的教学效果，正如陶行知所说："兴趣是最好的老师。"

2. 依托视图，把握重点

在教学官渡之战中：

（1）媒体展示东汉末年军阀割据形势图，让学生直观了解东汉末年军阀混战的局面，在这期间曹操和袁绍两大军阀的势力不断壮大，为了兼并对方，双方爆发了著名的官渡之战。

（2）依托flash动画演示官渡之战，直观、形象地再现历史，有利于学生对双方战术的理解和识图能力的培养，高效地完成学习任务。

在教学赤壁之战中：

（3）媒体展示赤壁之战示意图，为了培养学生的识图能力，在学习官渡之战的基础上，教师让学生上台讲解曹军、孙刘联军进攻的路线，同时用视频再现那墙橹灰飞烟灭的悲壮场景，让宏伟的场面再次震撼学生的心灵。

（4）在把握重点间的关系时，运用对比法。

通过对比，学生明确在官渡之战中曹操的胜利为其统一北方、南下中原奠定了基础，而在赤壁之战中曹操的失败，使三方都没有能力统一全国，直接导致三国鼎立局面的形成。

（5）在介绍三国鼎立时，学生根据flash内容快速地制作表格，并明确三国开始于220年，以此加强学生的理解性记忆，纠正日常生活及影视文学作品对学生造成的误解。

（6）最后用形象、直观的图示小结全文。

教师用简洁、直观的图示总结全文，让学生一目了然，并很快地抓住了主要线索，从而使学生掌握了学习历史的方法。

3. 史论结合，突破难点

本课的难点是学生很难从宏观上把握，因此笔者借助媒体运用大量史实和图片，变抽象为形象，让学生明白三国期间也有兼并战争，但是相对东汉末年来说要少得多，各方都在发展自己的经济，壮大势力，达到互相制衡的目的，在这一时期人民相对来说安居乐业，这也是历史进步的表现。

如何正确评价历史人物，也是初中历史教学一大难点，尤其是七年级的学生容易受主观因素和文学作品的影响，不能正确客观地评价历史人物。在这里笔者也运用了史料和古今论断相结合的方式，引导学生真正掌握评价历史人物的标准：看是否推动社会进步和历史发展！

【教学过程】

（一）借助视频，激趣导入

展示制作的MV《三国演义》主题曲，同时出示相关的历史人物。

学生边欣赏视频边思考以下两个问题：

你知道这是哪一部电视连续剧的主题曲吗？

你能说说在这一时期你最喜欢的英雄豪杰吗？

（二）合作探究，学习新知

1. 一个人物——曹操

刚有同学说曹操是个英雄，便立即遭到了其他同学的质疑，那么曹操究竟是个怎样的人物呢？

请同学展示收集到的资料，介绍曹操。

通过学习本节课，我们来进一步了解曹操。

2. 两次战役

课件展示东汉末年军阀割据示意图，教师介绍这一时期的各地军阀混战，引导学生了解东汉末年的社会环境。

学生阅读教材后讨论：曹操势力壮大的原因，以及他是如何统一北方的。

曹操势力壮大的原因：

客观上：社会生产遭到严重破坏，人民渴望统一。

主观上：
- 政治上：1. 挟天子以令诸侯。
- 2. 重视人才，招贤纳士。
- 经济上：实行屯田，奖励生产。

为了统一北方，曹操和袁绍在200年决战官渡，这就是历史上著名的官渡之战。

Flash动画出示官渡之战示意图。

学生观看flash动画时，注意收集信息，完成下列表格：

时间	
作战双方	
战争特点	
结果	
意义	

课件展示史料：（1）曹操的求贤令。（2）曹操的诗《龟虽寿》。

曹操在诗句《龟虽寿》中抒发了自己的雄心壮志，他想南下中原，统一全国，而此时他的主要对手有两个，一是依附于刘表的刘备，二是盘踞在东吴的孙权。

教师介绍刘备集团的情况，让学生展示收集到的资料——刘备三顾茅庐。

课件展示赤壁之战示意图，教师鼓励学生大胆走上讲台，模仿官渡之战来介绍赤壁之战。在介绍的过程中注意讲清楚作战的时间、双方、结果，并指出双方进军的路线图。

时间	
作战双方	
战争特点	
结果	
意义	

视频再现火烧曹军的情境，教师让学生分析、讨论曹军失败的原因。（曹操自大轻敌、北方士兵不识水性、计杀曹操水军大将等。）

学史明智：

课件展示官渡之战和赤壁之战的表格，提问：

通过对官渡之战和赤壁之战的学习，我们在曹操的一胜一败的不同结局中应该汲取什么样的经验和教训？

3. 三国鼎立

赤壁之战后，曹操损兵折将，不得不退守北方，再也无力南下，刘备和孙权乘机巩固自己的势力范围，三方在短时间内都不具备统一全国的条件，形成了鼎立的局面。

课件展示三国鼎立的形势图，教师让学生结合教材，以自己喜欢的方式制作三国鼎立的图表。

强调：三国鼎立开始于220年。

（三）课堂小结

本节课我们通过一个人物、两次战争、三国鼎立这样一条线索学习从东汉末年到三国形成的这段历史，了解了曹操在这一时期的重要影响。他挟天子以令诸侯获得了政治资本。在官渡之战中火烧乌巢取得了胜利，为曹操统一北方、南下中原奠定了基础，可是在赤壁之战中曹操因自己的势力强大而骄傲自满、轻敌，加上北方士兵不识水性等诸因素导致大败，狼狈地逃回了北方。这场战争的失败直接导致了三国鼎立局面的形成。

（四）史论结合

课件出示思考题：

三国鼎立局面的形成取代了东汉末年军阀割据的局面，这是历史的进步还是倒退呢？

出示东汉末年军阀割据示意图和三国鼎立示意图，让学生明白，三国时期虽然也有兼并战争，但是相对于东汉末年来说要少得多，更多的是注重经济的发展。出示相关的历史图片，让学生明白三国鼎立是历史进步的表现。

历史上对曹操的评价褒贬不一，我们学习了这段历史后该如何正确评价曹操呢？

出示史料和古今代表人物对曹操的评价，让学生明白评价历史人物和历史事件的标准就是看是否推动了当时社会的进步和发展。

（五）拓展活动

寻踪觅影：

游览附近三国名胜古迹，寻找历史足迹。

板书设计

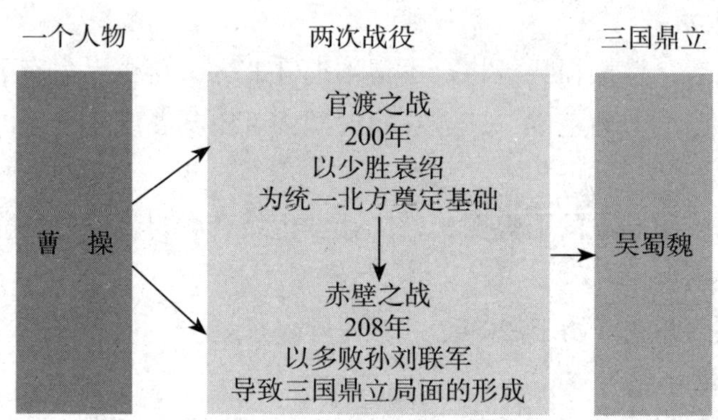
第20课 三国鼎立局面的形成
一个人物
两次战役
三国鼎立
曹 操
官渡之战
200年
以少胜袁绍
为统一北方奠定基础
赤壁之战
208年
以多败孙刘联军
导致三国鼎立局面的形成
吴蜀魏

潘　俊

潘俊，安徽师范大学历史教育专业毕业，本科学历，历史学学士。2016年瑶海区通过人才引进政策吸引其进入合肥市行知学校。2009年从教以来，曾先后获得2010年安庆市望江县初中历史优质课大赛一等奖，2010年安庆市初中历史优质课大赛一等奖，2012年在安庆市望江县青年教师技能大赛中说课，导学案比赛中分别荣获一等奖。2010年和2014年在安庆市学科论文评选中分别荣获市三等奖。进入行知学校以来，她认真完成教育教学工作，积极参加教研活动，不断提升自己。

北师大版历史教材八年级上册第六单元

《社会习俗的演变》教学设计

【课标要求】

学生了解“民国”以来在剪发辫、易服饰等社会习俗方面的变化。

【教学目标】

1. 知识与能力

教师引导学生了解民国以来剪辫放足、服饰变化、礼仪革新等社会习俗的演变以及背景。

2. 过程与方法

借助多样的信息化教学手段提供适合不同学生学情的个性化学习，激发其学习兴趣，提高学习效率；学生通过小组合作学习，参与课堂教学，用触摸白板的方式选择相应知识点的答案，激发其内在学习动力，培养合作竞争的意识。

3. 情感态度与价值观

学生认识到剪发辫、易服饰等社会习俗方面的变化是社会的进步，理解变革是需要克服阻力的，培养学生不畏困难的信心和变革的勇气。

【教学重点】

学生了解清末民初的社会生活变迁情况。

【教学难点】

学生理解近代社会生活变化背后的原因和对中国历史发展的影响。

【教学手段】

希沃白板教学，史料教学。

【学情分析】

八年级学生好奇心强，已掌握了一定的历史学习方法，教师应坚持直观形象的教学方式，提供丰富的情景教学资料和多样化教学手段，制造浓郁的历史氛围，提高学生学习历史的兴趣，培养学生的史料实证能力。

【教学准备】

教师整理资料，设计希沃白板课堂互动环节，选取视频片段，制作希沃课件。

学生预习，了解身边的社会习俗。

【教学过程】

（一）导入：激趣导入

展示清灭亡的漫画图，“中华民国”成立，末代皇帝溥仪身上发生了哪些变化？我们来参与一个互动连连看，看一下皇帝的新装。（导入新课）

（设计意图：希沃白板5的课堂互动环节设计师生活动，体现了学科模式中激趣导入的理念。）

（二）新授：落实重点

同学们都发现了皇帝的外形，包括发型、服饰都已经发生了变化，接下来我们看看辛亥革命后中国社会习俗发生了哪些变化。那么什么是“社会习俗”？社会习俗又是如何演变的呢？（解释“社会习俗”的概念。）

1. 外形之变：从头开始，脚踏实地

材料展示：

材料一：辛亥革命后，孙中山颁布剪辫令，规定所有男子20日内剪辫，逾期论罪。

出现了1911年广州街头的一幕。多媒体出示广州街头剪辫图片和剪辫后溥仪的图片。

材料二：颁布剪辫令的同时，孙中山还下令各省一律禁止缠足。看到这小脚一双，着实让我们吃惊。苏轼、辛弃疾这等大文豪居然还作诗赞美这三寸金莲。如下：

纤妙说应难，须从掌上看。——苏轼《菩萨蛮》

黄弓样鞋儿小，腰肢只怕风吹倒。——辛弃疾《菩萨蛮》

学生结合教材内容和史料回答：（小组讨论）

① 为什么要剪辫子？ ② 为什么百姓会积极响应剪辫令？

③ 为什么要缠足？ ④ 为什么要废除缠足？

要求学生认识到辛亥革命前中国是封建君主专制社会，女子没有为自己做主的权利，剪辫、放足等社会习俗的变迁不是一朝一夕的事，漫长而且艰难。培养学生不畏困难的信心和变革的勇气。

（设计意图：教师引导学生探究学习，读图分析史料，培养学生论从史出、读图分析的能力。）

2. 服饰之变：撸起袖子加油干

希沃白板5展示6张服饰图片，设计课堂互动环节，学生结合教材P123内容填空，连连看，动手参与，加深印象。同时，思考变化后的服饰有哪些好处？不变可以吗？

	清末	民国初年
男子	男子着长袍马褂，官员着官服	男子西服，中山装出现
女子	女子着宽袍大袖的服装	女子着称身合体的旗袍

（设计意图：通过表格设计，加深学生印象，落实基础知识，把握重点。）

多媒体课件展示现代人着中山装图片，理解中山装被赋予的寓意。

3. 礼仪之变：革故鼎新

材料一：社交礼仪之变：展示跪、拜、握手、鞠躬四幅图片。

设问：用握手鞠躬取代跪拜礼体现了什么思想？

材料二：婚俗之变：展示中国传统婚姻的六礼之仪，播放视频《中国婚礼变迁史》。

设问：对比传统婚礼与新式婚礼，总结新式婚礼的特点。

（设计意图：以文字和图片材料进行史料实证，体现了学科模式中夯实基础的理念，做到论从史出。）

（三）总结：构建思维

学生回顾，构建知识体系，渗入历史思维；教师出示表格，利用希沃白板的遮盖功能，让学生分组讨论，并总结清末民初，中国的社会习俗发生的主要变化。

	变化前	变化后	变化原因
形体	剃发留辫 缠足	剪辫 放足	政府政策、有识之士推动
服饰	长袍马褂 宽袍大袖	中山装　西装 称身合体	西方文明的影响、 领袖人物的作用
礼仪	“大人，老爷”等级称谓，繁琐的旧婚礼	“先生，君”平等称谓，简单隆重的新式婚礼	民主平等思想的传播

（四）作业：巩固所学

拓展思考：读史明智，以史为鉴。

清末民初社会变化万千，20世纪30年代婚纱在上海开始流行，打破了过去结婚崇尚红色的观念，婚礼仪式也趋向简约。而今在西式婚礼扎堆的情况下，年轻人又流行汉式婚礼，不仅如此，很多传统礼仪也在复兴。那么，现代社会是否需要传统礼仪呢？外来的物质和文化不断让中国近代的社会生活发生变化。从中我们得出什么启示？

答案提示：

（1）世界发展的潮流是不可阻挡的。

（2）要顺应历史发展的潮流，主动学习世界先进的文化和技术。

（3）不断加强民族的创新能力和实践能力。

（设计意图：联系实际思考问题，体现了学科模式中的“联”和“思”的理念。）

板书设计

第22课　社会习俗的演变

	变化前	变化后	变化原因
形体	剃发留辫 缠足	剪辫 放足	政府政策、有识之士推动
服饰	长袍马褂 宽袍大袖	中山装 西装 称身合体	西方文明的影响、 领袖人物的作用
礼仪	“大人，老爷”等级称谓， 繁琐的旧婚礼	“先生，君”平等称谓， 简单隆重的新式婚礼	民主平等思想的传播

教学反思

一节课时间有些短，对于学生来说了解整个近代社会习俗的变迁有些困难。但我们将信息技术与传统教学和谐统一，深入浅出，将最难问题留于课堂深度讨论，使每一个学生真正投入学习，促成有温度的历史课堂。

《社会习俗的演变》课堂实录

老师：同学们，我们来看一幅漫画《三把尖刀插入清朝的心脏》，中国最后一位皇帝是谁呢?

学生齐答：溥仪。

老师：溥仪，中国历史上最后一位皇帝，3岁登基，6岁退位，经历了清末民初这样一个新旧交替的时代。这位末代皇帝身上发生了哪些变化？我们来参与一个互动连连看，看一下皇帝的新装。

学生上台操作，匹配“皇帝的新装”。

老师：同学们看看这位同学匹配得对不对呢？我们从溥仪的两幅图片中发现哪些变化?

学生：皇帝的服饰、发型都发生变化了，还带了西洋镜。

老师：很好，大家观察得很仔细。连皇帝都剪掉了长发辫，让我们看看辛亥革命后的中国社会习俗发生了哪些变化。

《社会习俗的演变》（板书）

老师：那你们知道什么是“社会习俗”吗?

学生讨论交流 。

老师总结大家答案，给出解释，引导从“习”字上分析，希沃白板展示其含义。

社会习俗是指历代相沿积久、约定俗成的风尚、礼节、习惯的总和，也是人们在衣食住行、婚丧嫁娶、岁时节庆、生产活动、宗教信仰、文化娱乐等方

面广泛的行为规范 。

老师：了解了“社会习俗”的概念后，我们看看社会习俗是怎样演变的。我们将从三个方面来学习。

（一）外形之变：从头开始，脚踏实地（板书）

希沃白板展示材料和图片。

材料一：辛亥革命后，孙中山颁布剪辫令，规定所有男子20日内剪辫，逾期论罪。

出现了1911年广州街头的一幕。多媒体出示广州街头剪辫图片和剪辫后溥仪的图片。

材料二：颁布剪辫令的同时，孙中山还下令各省一律禁止缠足。看到这小脚一双，着实让我们吃惊。苏轼、辛弃疾这等大文豪居然还作诗赞美这三寸金莲。如下：

纤妙说应难，须从掌上看。

——苏轼《菩萨蛮》

黄弓样鞋儿小，腰肢只怕风吹倒。

——辛弃疾《菩萨蛮》

老师：材料一是孙中山颁布的剪辫令和广州街头剪辫的图片，材料二我们看后更震惊，小脚一双，泪水一缸。看图并结合教材P122内容回答：

（1）为什么要剪辫子？ 为什么百姓会积极响应剪辫令？

（2）为什么要缠足？为什么要废除缠足？（小组讨论。）

学生1：剪不剪辫子成了是否革命的标志。

学生2：缠足是落后的封建君主专制王朝的产物。

学生3：废除缠足是对妇女身心的解放。

老师：大家讨论得很热烈，尤其是缠足对妇女的危害我们女同学最有发言权。辛亥革命前中国是封建君主专制社会，女子没有为自己做主的权利，剪辫、放足等社会习俗的变迁不是一朝一夕的事，漫长而且艰难。但我们要有不畏困难的信心和变革的勇气。（总结并板书。）

老师：辛亥革命后，人们的外形改变了，服饰也在发生变化，接下来我们看看服饰之变。

（二）服饰之变：撸起袖子加油干（板书）

师：同学们，白板上有6张人物服饰图片，仔细观察，接下来我们再来做个游戏：连连看，将服饰与之身份相配对，同时思考变化后的服饰有哪些好处？不变可以吗？

学生根据书本找到相应人物的服饰名称，填空。

	清末	民国初年
男子	男子穿长袍马褂，官员着官服	男子西服，中山装出现
女子	女子穿宽袍大袖	女子着称身合体的旗袍

学生：主要受西方文化的影响，服饰发生变化，这样更方便日常的工作和学习。

老师总结：服饰等发生变化是由于西方文明的影响和领袖人物的推动，这是社会的进步。请问哪里能体现领袖人物的推动作用呢？

学生：孙中山设计了中山装。

老师：中山装被赋予了什么寓意呢？请大家大声朗读每课一得的内容，找到答案。

中山装造型的含义：前襟四只口袋代表立国之四维：礼、义、廉、耻；袋盖为倒笔架形，寓为以文治国；依所五权分立，将前襟设计成五粒扣子；袖口的三粒扣子代表三民主义；封闭的衣领显示了“三省吾身”、严谨治身的理念。

学生阅读，讨论。

老师：（强调三民主义，五权分立在中山装中的寓意）那么，当时的其他社会习俗是否有变化呢？

学生：（阅读课本P124后回答）礼仪也发生变化了。

（三）礼仪之变：革故鼎新（板书）

老师：白板上有四幅图片，大家看看他们在干什么呢？

学生：有下跪的，有磕头的，有握手的……

老师：对，这是社交礼仪，跪、拜、握手、鞠躬。哪一种社交方式更受大家欢迎呢？

学生：当然是握手鞠躬比跪拜更受欢迎。

老师：为什么？

师生相互启发，生生讨论，得出结论：新式社交礼仪更加简单，更能体现民主平等的思想。

老师：我们学习完了社交礼仪，接下来我们来看看婚俗礼仪的变化吧。

展示中国传统婚姻的六礼之仪，播放视频《中国婚礼变迁史》。

老师：白板上是中国传统婚礼的六礼之仪："纳采、问名、纳吉、纳征、请期、亲迎"，那么新式婚礼习俗又是怎样的呢？接下来我们来看一段视频《中国婚礼变迁史》，思考一下，传统婚礼与新式婚礼相对比，新式婚礼有哪些特点呢？

学生：（观看后讨论得出结论）传统婚礼繁琐复杂，新式婚礼简单但不失隆重。

教师出示表格，归纳总结本课知识要点，利用希沃白板的遮盖功能，让学生分组讨论，并总结清末民初，中国的社会生活发生的主要变化。

老师：我们现在分为三组，分别完成表格，比一比哪一组填得又快又好。

学生以小组为单位，组内讨论，每组推选一名代表回答问题。

	变化前	变化后	变化原因
形体	剃发留辫 缠足	剪辫 放足	政府政策、有识之士推动
服饰	长袍马褂 宽袍大袖	中山装　西装 称身合体	西方文明的影响、 领袖人物的作用
礼仪	“大人，老爷”等级称谓，繁琐的旧婚礼	“先生，君”平等称谓，简单隆重的新式婚礼	民主平等思想的传播

老师：清末民初社会变化万千，社会习俗随之发生改变，而今天很多传统礼仪也在复兴，请同学们看白板上的两幅图片，那么，现代社会是否需要传统礼仪呢？

学生：讨论，自由发言。

老师：通过这节课的学习，我们从三个方面了解了近代社会习俗的演变，同时认识到世界发展的潮流是不可阻挡的，要顺应历史发展的潮流，主动学习世界先进的文化和技术，不断加强民族的创新能力和实践能力。

查晓丽

查晓丽，中共党员，安徽师范大学教育硕士。潜心于历史教育教学工作多年，从中得文字之趣，寻历史之道，蓄育人之情。撰写的教育教学论文获得省市级一等奖，优质课、说课大赛获得一等奖。荣誉已成历史，未来即使脚踏荆棘，也是心向远方，砥砺前行！

《汉武帝推进大一统格局》教学设计

【课程标准】

列举汉武帝大一统的主要史实，评价汉武帝。

【三维目标】

1. 知识与能力

学生了解汉武帝“罢黜百家，独尊儒术”、颁布“推恩令”、强化监察制度等史实，探讨这些措施所起的作用，评价汉武帝巩固大一统的历史功绩。

学生思考“推恩令”巧妙在哪里，培养其分析问题的能力。

2. 过程与方法

汉武帝的大一统使秦中央集权得到延续和巩固。学会用比较的方法对比“秦皇汉武”加强中央集权措施的异同。

通过自编练习题，学生进行自我评价。

3. 情感态度价值观

学生了解汉武帝所实行的“罢黜百家、独尊儒术”政策，从思想上使秦始皇创立的封建中央集权政治制度巩固下来。“独尊儒术”使儒家思想被确立为专制王朝的正统思想，儒家思想逐步成为中国封建社会占统治地位的意识形态，这是中国封建社会延续两千多年的思想基础。

汉武帝的大一统是两汉强盛的顶点，经济上的发展是大一统的物质基础，从而使学生认识统一是国家强盛的重要原因。

【教学重点】

学生了解汉武帝为推行大一统所采取的政策措施，对汉武帝巩固统一的历史功绩进行评价。

【教学难点】

“秦王汉武”是中国历史上大一统的象征，因此对秦皇与汉武的比较是教学的难点。

【教学准备】

制作相关的教学软件。

【教学设计】

（一）激趣导入

今天很高兴能和同学们一起跨进历史的长河，去倾听一位帝王最后的诉说，他是谁？他又会向我们诉说些什么呢？

请看：

课件播放《汉武帝》主题曲《最后的诉说》MTV。

对。他就是汉武帝刘彻。他向我们诉说了推进大一统格局的艰辛。那就让我们再走近一点，去看看汉武帝是如何推进大一统格局的。

（出示课题）

（二）教授新课

1. 背景原因

话还得从楚汉争霸说起，汉王刘邦经过四年战争终于打败了楚霸王项羽，登上了权力的顶峰，于公元前202年建立了汉王朝，定都长安，史称西汉，刘邦就是汉高祖。

通过连年的战争，同学们可以设想一下，西汉初年的经济如何？

统治者将会如何解决这一问题呢？

汉初的统治者采用了顺其自然的宽松政策，恢复经济、整顿秩序、巩固统治，进行了七八十年的休养生息，使经济得到恢复、加强。到了文帝景帝时期，经济繁荣，《汉书》记载……

汉初的休养生息，雄厚的经济实力，为汉武帝推进大一统格局、加强中央集权奠定了基础。（板书）

2. 罢黜百家、独尊儒术

汉武帝要想加强中央集权，推进大一统，请同学们帮助他看看，汉初实行的道家思想能不能适应时代的发展，我们是坚持思想一百年不动摇呢，还是与时俱进呢？

而就在这个时期，诸子百家的代表人物活动频繁，于是汉武帝召集各家的代表人齐聚长安，询问治国方法，这就出现了下面的一幕。

（请同学表演历史课本剧，剧终给予掌声鼓励）

再以投票表决的形式，帮助汉武帝做个选择。（注意引导不同观点）

正所谓英雄所见略同也，汉武帝采取的就是儒家思想。

他采取了董仲舒的建议，排斥和抑制其他学术，把儒家思想做为治国的指导思想。任用精通儒家学问的人为官，推行了“罢黜百家、独尊儒术”的政策。

（课件展示）那么汉武帝又是怎样推行儒术的呢？

（激发学生思考）

课件出示：示意图。

那么老师有一个问题了：罢黜百家、独尊儒术会出现什么样的结果，会带来什么样的影响呢？

（课件展示）使儒家怎么样——一定要强调，让学生理解。

那使其他家呢？（学生交流讨论）

通过学生的探讨得出一个结论，实际上汉武帝也是实行一种文化专制。

这位年轻的大汉天子成功地统一了思想，加强了中央集权，再有雄厚的经济基础作为后盾，应该是高枕无忧了。可是他居安思危，他清楚自己就像坐在火山口上，表面看上去祥和，实则暗流涌动。诸侯王国的势力，随时可以颠覆他的皇权，那么西汉的诸侯王国又是怎么形成的呢？（学生阅读）

3. 削弱王国势力，加强监察制度

有些诸侯王国富比天子，（课件出示中山靖王的金缕玉衣）这说明了有些诸侯王过着骄奢淫逸的生活，但这并不可怕，可怕的是那些诸侯王拥兵自重，各自为政，不听天子的命令，随时准备谋反。假如你是当时的天子，你会怎么做呢？

（学生各抒己见）

有的同学的方法和汉武帝的父亲——景帝是一样的，用直接的方式去削藩。那么我们看看这种方式会带来什么样的后果呢？

课件播放《七国之乱》视频。

景帝采纳了晁错的建议，进行直接削藩，遭到了诸侯的联合反抗。因为削藩侵犯了他们的利益。景帝被迫杀了晁错，但是七国有没有退兵之意呢？（没有）

景帝用了全国之力，派大将周亚夫平定了这场叛乱。

还有的同学方法和我们的汉武大帝很相似，采用了间接的方法，化整为零，先是削弱诸侯王国的势力，然后再图良策。

那么我们看看汉武帝是怎样解决这头疼的问题呢？

（1）削弱王国的势力。

出示主父偃的肖像图和推恩令内容。

课件展示王国层层分封的示意图。

让学生了解虽然有很多的诸侯国，但是这些诸侯国已经无法与中央抗衡了。

然后汉武帝再以种种借口成功地削掉了很多诸侯国，正所谓欲加之罪何患无辞啊。

汉武帝以什么为借口一下子就削弱了106个侯的爵位呢？

汉武帝还颁布了一系列的法令来禁止读书人与诸侯交往，防止诸侯培植自己的势力，解决了先帝多年没有解决的问题。

那么请同学们相互讨论一下，汉武帝的削藩比景帝的削藩巧妙之处在哪里呢？

（重点分析，体现出汉武帝的谋略）

汉武帝成功地消除了心头大患，这使他更加成熟、睿智地面对百官的欺瞒和皇族的不法行为，我们来看看汉武帝是怎样解决这个问题的。看哪位同学找得又对又快。

（2）加强监察制度。

学生自主学习。课件展示两个示意图。

知识延伸

刚才我们了解了汉武帝时期的监察制度，这和哪个帝王统治时期实行的监察制度相似呢？（秦皇）（板书）

我们经常在书上看到秦皇汉武。这是什么意思呢？又为什么把这两个皇帝并列呢？

分组讨论

（此题难度较大，教师注意引导。在引导中补充板书：思想上、政治上）

通过比较我们对这两位帝王有了进一步的了解，下面哪位同学来完整地列举一下汉武帝的丰功伟绩？

在你们的眼中，汉武帝使一个怎样的帝王？

（用一个词介绍）

雄才大略……

（三）课堂小结

汉武帝的雄才大略再加上先帝给他奠定了雄厚的经济基础，使他推进和发展了大一统的格局，加强了中央集权。同学们请看一幅疆域图，你知道这是哪个时期的疆域图吗？

这就是我们下节课要学习的内容。

（四）课后练习

略。

板书设计

第15课：汉武帝推进大一统格局

大一统背景：

　　客观：雄厚的经济实力

　　主观：汉武帝的雄才大略

大一统的措施：

　　思想上：罢黜百家，独尊儒术

　　政治上：削弱王国的势力

　　　　　　加强监察制度

　　意义：